Nur ein paar Stündchen

Nix wie raus, ganz schnell ins Grüne. Auch mit wenig Zeit lässt sich Großartiges erleben. Kleine und große Abenteuer warten direkt vor der Haustür.

4H

Raus für einen Tag

Man muss nicht das Land verlassen, um neue Welten zu entdecken. Einfach mal einen Tag lang raus aus dem Alltagsallerlei und rein in die Natur.

12H

Ferien für ein Wochenende

Warum auf die große Auszeit warten, wenn man einen erquicklichen Wochenendtrip ins nahe Umland machen kann? Vergnügen, Abenteuer und Wohlgefühl kompakt und intensiv.

36H

LIEBE LESERIN, LIEBER LESER.

im Grünen wandern, genussvoll radeln, auf dem Wasser schippern oder einfach mal abtauchen. Durch Streuobstwiesen spazieren, Stäffele rauf- und runtersteigen oder bei der Weinlese mithelfen – die kleine Auszeit wartet direkt vor der eigenen Haustür. Oft reichen schon ein paar Stunden an der frischen Luft, um den Kopf wieder freizubekommen. Einfach mal Zeit nehmen oder sogar mal in der Natur übernachten – fertig ist der Miniurlaub. Egal, ob aktiv oder eher gemütlich: Draußen sein macht nicht nur glücklich, sondern garantiert zudem einen hohen Erholungsfaktor. Und zwar zu jeder Jahreszeit.

Viele wunderbare Eskapaden in und um Stuttgart wünscht Ihnen, dir und euch

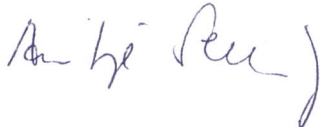

PS: Informationen zum GPX-Download gibt's auf Seite 224.

AUSZEIT. ABENTEUER. LEBENSFREUDE.

1. KAPITEL
ABSTECHER

GANZ IM HIER
UND JETZT

GIPFELGLÜCK
ERLEBEN

OH, WIE LECKER!

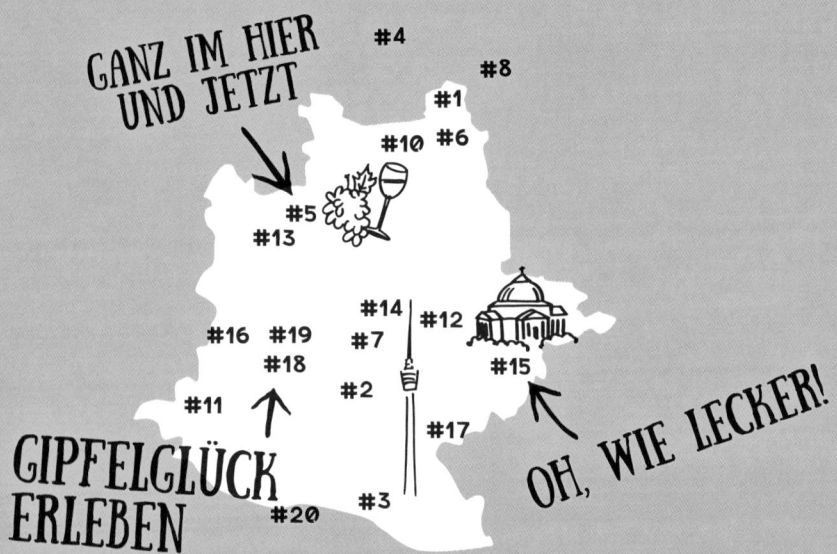

#4

#8

#1

#6

#10

#5

#13

#14   #12

#7

#16   #19

#18

#2

#11

#17

#3

#20

#15

#9

Nur ein paar Stündchen

Sich in der Stadt wie in den Bergen fühlen, entspannt durch Parks und Wiesen schlendern und nach Feierabend Hügel erklimmen – die kleine Auszeit ist ganz nah.

4H

I'M
WALKING ...

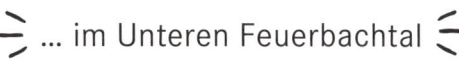 ... im Unteren Feuerbachtal

Grün, bunt und voller Leben – dieses Naturschutzgebiet mit Steinbruch, Streuobstwiese, Wald und Bach ist eine Oase mitten in der Stadt.

Die Blumenwiese wirkt vor allem im späten Frühjahr wie ein Gemälde von Monet, so üppig blüht und grünt es. Im Unteren Feuerbachtal hat der Bach sein natürliches Bett zurückerobert, sehr zur Freude von Amphibien, Vögeln und Insekten – unzählige wirklich seltene Arten finden hier ihr Zuhause: 60 unterschiedliche Vögel und Schmetterlinge und mehr als 300 verschiedene Pflanzen. Im Laufe der Zeit entwickelten sich verschiedene Biotope: der

Eine Oase in der Stadt: Im Unteren Feuerbachtal kann man seltene Vögel, Schmetterlinge und Pflanzen beobachten.

Tümpel ist Laichplatz, im Gehölz brüten Vögel, und in den Wänden des ehemaligen Steinbruchs nisten Insekten. Blausterne und Große Schlüsselblumen verwandeln den Eschbachwald, der das Untere Feuerbachtal begrenzt, im Frühling in ein leuchtendes Blütenmeer.

Um dorthin zu gelangen, die Mönchfeldstraße ein Stück stadtauswärts laufen, dann links in die Bachhalde einbiegen und nach wenigen Minuten bei der Informationstafel am kleinen Weiher erneut links auf den Fuß- und Radweg. Insgesamt zehn Tafeln kann man im ganzen Gebiet finden, die Flora und Fauna der Umgebung detailliert erklären.

Parallel zur Bachhaldenstraße schlängelt sich der Feuerbach durch die herrlich grüne Au, flankiert von gelben Iris und Wildkräutern.

Schnurgerade führt der Weg schließlich nach Zazenhausen hinein, dort hält man sich dann einfach links und erreicht so zu guter Letzt nach nur wenigen Minuten die Stadtbahnhaltestelle Himmelsleiter.

FAZIT: WELLNESS FÜR DIE AUGEN, URLAUB FÜR DIE OHREN — EINE KURZE AUSZEIT ZUM FEIERABEND ODER KLEINE PAUSE ZWISCHENDURCH.

Hin & Weg: U7 bis Mönchfeld, zurück ab der Haltestelle Himmelsleiter.

Beste Zeit: Frühjahr bis Herbst.

Dauer & Strecke: 1 bis 2 Std., knapp 4 km.

Ausrüstung: Evtl. Walkingstöcke.

ZUM STAUNEN SCHÖN

>̇ ... Ausflug an die Heslacher Wasserfälle ＜̇

Okay, mit dem Rheinfall halten die Heslacher Wasserfälle nicht mit. Na und? Nach einem Regenguss können sie trotzdem ganz schön wild werden. Und romantisch ist die Obere Heidenklinge sowieso.

Kurz mal in die Wildnis? Einfach von der B14 abbiegen.

Das ist einer dieser Ausflüge, die ganz einfach perfekt sind, wenn Besuch kommt oder man eben mal wieder raus will aus der Stadt, und zwar ohne endlos irgendwohin zu kutschieren. Wer nicht mit dem Auto kommt, steigt am Erwin-Schöttle-Platz aus der Stadtbahn, folgt dem Blaustrümpflerweg zur Heslacher Wand, hält sich nach dem stillgelegten Bahnhof der Gäubahn links (blauer Balken) und läuft zum Rudolf-Sophien-Stift. Nach dem

Herrlicher Picknickplatz im Sommer: auf den Steinen unterhalb der Heslacher Wasserfälle.

kurzen steilen Stück geht's links hinein in die Schlucht zu den Wasserfällen. Kaum zu glauben, wie viel Verkehr nebenan über die B 14 rauscht, die Schlucht schluckt wirklich jedes Geräusch, das hier nicht hingehört. Was für ein romantisches Plätzchen. Im Sommer, wenn das Wasser eher über die Kaskaden tröpfelt als fällt, setzt man sich einfach auf einen der Steine und genießt die Kühle. Wenn's geregnet hat oder nach dem Winter, wenn der Schnee schmilzt, donnert das Wasser dann doch schon gewaltig durch die Heidenklinge, gut hundert Meter in die Tiefe. So wie früher, als noch viel mehr Wasser durch das Nesenbachtal floss, vom Pfaffensee bzw. der dort angestauten Glems.

Über die Treppen geht's wieder rauf zum Rössleweg und diesem folgend auf dem Dachswald- und Stierlingweg bis zum Waldheim Heslach (www.waldheim-heslach.de).

Ein herrlicher Garten, der weniger an ein Ausflugslokal als vielmehr an Omas Obstbaumgarten erinnert. Blaue Tische und Stühle, Lichterketten zwischen den Bäumen – man kann gar nicht anders, als sich niederzulassen. Und Rolands XXL-Curry-Maultaschen, die sich als Riesenroulade tarnen, sind einfach nur grandios.

Durch den Garten zieht das Stimmengewirr der Gäste, das sich mit dem Lachen der Kinder vom Spielplatz mischt. Entspannt, fröhlich, hier möchte man eine Weile bleiben. Dass die Sonne bis zum Abend ihre wärmenden Strahlen schickt, macht die Entscheidung noch viel einfacher.

FAZIT: ANGENEHMER WALDSPAZIERGANG IN HERRLICHER NATUR – MIT LECKEREM MAULTASCHENFINALE.

Hin & Weg: U1 oder U14 bis Erwin-Schöttle-Platz, zurück geht es mit Bus 82 ab Dachswald und U1 ab Universität.

Beste Zeit: Nach dem Regen, dann sind die Wasserfälle richtig wild.

Dauer & Strecke: 1,5 bis 2 Std. (ohne Einkehr), gut 6 km.

Ausrüstung: Gute, rutschfeste Schuhe für die Wasserfälle.

17

STERNTALER

... Wanderung im Körschtal

Verträumt, etwas versteckt und nur etwa zwei Kilometer lang: Das Körschtal ist ein wahrhaft paradiesisches Plätzchen vor den Toren der Stadt, das sich besonders im Frühling in voller Pracht zeigt – wenn der Blaustern blüht.

#Blaustern #Scilla #Bärlauchduft #Naturpur #Bachrauschen #grün

Wandermuffel werden die Tour lieben: Die Stadtbahn fährt fast bis zum Beginn des Tals. Nur ein paar Schritte Richtung Plieningen, am Waldrand rechts abbiegen, runter zum Bach – und schon ist der Alltag weit, weit weg. Die Nase trügt nicht, in der Luft hängt der würzige Duft von Bärlauch. Ein riesiges grünes Meer im noch lichten Wald. Dazwischen Giersch, Spitzwegerich und reichlich andere Wildkräuter mehr. Pflücken für Pesto & Co.? Leider nein, sagt der Naturschutz. Der eigentliche Star im Körschtal ist ohnehin ein anderer: der

Idyllisch zu jeder Jahreszeit, aber vor allem im Frühling ein Fest für alle Sinne.

Blaustern, Scilla, so der botanische Name. Nur für wenige Tage im Frühling zeigen sich die filigranen Blütensterne. Pastellblaue Tupfer sprenkeln den Boden und wetteifern mit den ebenfalls schon sprießenden Buschwindröschen darum, das schönste Fotomotiv zu sein. Keine Frage, der Punkt geht an die hübsche Scilla, auch wenn ihr Auftritt nur sehr kurz währt.

Sind die Sternchen verschwunden, bleibt das Tal, wie es ist: einfach wunderschön. Trauerweiden kühlen ihre Zweige im Wasser der Körsch, die in launigen Schleifen munter durch die Au mäandert. Frösche hüpfen eilig über die breite, saftig grüne Wiese, um den Blicken der gefiederten Gefahr zu entgehen. Nichts stört die Idylle. Der Name des Flusses geht übrigens zurück auf das indogermanische Karisia. Das enthaltene »kar« bedeutet

so viel wie »hart/steinig« und gibt Hinweis auf das Bachbett des Flusses. Mundartlich wird der Name als »Kersch« ausgesprochen. Die Körsch hat eine erdgeschichtlich bedingte östliche Fließrichtung und so kommt es, dass sie in »falscher Richtung« auf den Neckar zufließt, in den sie bei Deizisau mündet.

Der Weg geht schließlich in eine Streuobstallee über und führt schnurstracks zur Endhaltestelle der Stadtbahn in Plieningen. Blumenfans können jetzt noch ein bisschen schnuppern und staunen – der Botanische

---

Hin & Weg: U3 bis Landhaus.

Beste Zeit: Frühling.

Dauer & Strecke: 1 bis 2 Std., ca. 3 bis 4 km.

Ausrüstung: Kamera.

Garten der Uni Hohenheim befindet sich direkt vis-à-vis.

Zurück geht's dann eine Station mit der Bahn oder zu Fuß auf dem Wald- und Wiesenweg neben den Gleisen.

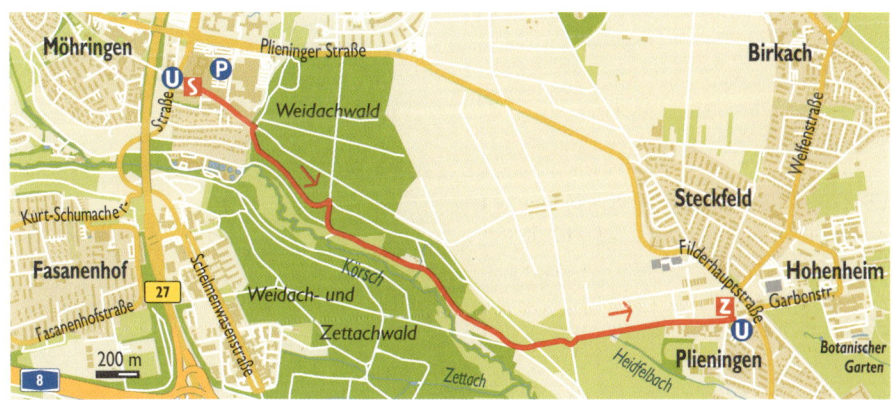

WO DIE NATUR REGIE FÜHRT

>⊱ … in den Neckarauen bei Ludwigsburg ⊰<

#4

Endlich Wochenende! Nix wie raus in die Natur. Wunderbar abschalten und auftanken kann man in den Neckarauen von Ludwigsburg.

Wo der Neckar bis vor Kurzem noch in einem Betonkorsett steckte, führt nun die Natur Regie: 2012 wurde zwischen Ludwigsburg und Remseck ein Teil der alten Ufermauer entfernt und die ehemalige Landwirtschaftsfläche geflutet. Jetzt summt, quakt, zwitschert und wuchert es in den Zugwiesen, dass es eine helle Freude ist. Selten gewordene Amphibien, prachtvolle Libellen, Schmetterlinge, Graugänse, Flussregenpfeifer und Eisvögel haben in und an den Tümpeln wieder eine Heimat und ihr Rückzugsgebiet gefunden. Graureiher lauern auf fette Frösche in der Aue. Auf den Wiesen blühen Zottiges Weidenröschen, Engelwurz, Sumpf-Storchschnabel und andere Wildblumen, Eidechsen sonnen sich auf den Wegen am Zugwiesenbach. Stege führen übers Wasser, und ein metallener

Aussichtsturm überragt das 17 Hektar große Biotop. Auf der anderen Neckarseite grüßen die Reben von den Terrassensteillagen. Der Clou ist die 1,3 Kilometer lange Fischtreppe in einem Seitenarm des Neckars, die es den Fischen ermöglicht, die Staustufe an der Schiffsschleuse Poppenweiler zu überwinden und den Neckar hinaufzuwandern.

Von der Bushaltestelle Schießtal sind es nur ein paar Schritte in Richtung Freibad hinein in diese Naturwunderwelt. Wer nichts verpassen möchte, bewegt sich ganz langsam am Fluss entlang fort: gehend, mit vielen Pausen zum Genießen. Und zum Fotografieren. Am Wochenende freilich hat man die Naturidylle kaum für sich allein, am ehesten noch frühmorgens, bevor Reiter, Radler, Hundegassigeher und

Auf Du und Du mit Libellen, Schmetterlingen, Eidechsen und Graugänsen. Im Frühling tupfen viele Wildblumen die Wiesen am Zugwiesenbach bunt.

Kinderwagenschieber die knapp zwei Kilometer lange Uferstrecke in Beschlag nehmen, die auch Teil des Neckartal-Radweges ist.

FAZIT: KURZ MAL RAUS IN DIE NATUR UND JOGGEN, SKATEN, RADELN ODER AM UFER ENTLANGSPAZIEREN – SPONTANER AUSFLUG MIT KOPF-FREIMACH-GARANTIE.

Hin & Weg: S4 bis Ludwigsburg, dann mit Bus 421/430 bis Neckarbrücke; Retour mit Bus 403/433/451 ab Haltestelle Schießtal.

Beste Zeit: Frühjahr bis Herbst.

Dauer & Strecke: 2 bis 3 Std., etwa 6 km.

Ausrüstung: Evtl. Fernglas. Wer will: Inlineskates.

OMMM IM PARK

⫸ ... Yoga auf dem Stuttgarter Killesberg ⫷

Rot, gelb, orange, creme, weiß oder rosa blüht und rankt es im Tal der Rosen unterhalb des Killesbergturms. Hach, und wie herrlich das duftet! Der perfekte Platz für eine Open-Air-Yogasession – und das mitten in der Stadt.

Montagabend, kurz vor 18 Uhr, die Wiese füllt sich schnell. Aus allen Richtungen strömen die Yogis heran, junge und ein bisschen weniger junge, und rollen ihre Matten aus. Allein oder in der Clique, manche direkt aus dem Büro, einer steckt noch im Anzug.

Erst mal auf den Rücken legen und gedankenverloren nach oben ins Blaue starren. Die Augen schließen und die Stille genießen, sagt die Yogalehrerin. Die Freude spüren, eine Stunde nun ganz für sich zu haben. Das Gedröhn der Großstadt wird leiser, das Vogelgezwitscher zur Melodie. Mit drei, vier tiefen Atemzügen lässt sich der Alltag erstaunlich schnell ausblenden, man ist im Hier und Jetzt. Im Flow. Langmachen, dann die Knie anziehen und den Rücken einrollen, auf- und abwippen. Ein paar

Achtsamkeitsübungen zum Start, es geht über zu leichten Dehnungen. Danach: Krieger, Kuh und Katze, Hund und Kobra. Vorbeugen und Balancefiguren wechselweise. Die Yogalehrerin fordert, ohne zu überfordern, korrigiert, lobt. Anfänger oder Yoga-Profis, vollkommen egal, jeder turnt, wie er kann.

Die Abendsonne schickt angenehm warme Strahlen auf die Haut, ein laues Lüftchen sorgt dafür, dass man nicht ins Schwitzen kommt. Die Stunde verfliegt im Nu, der Körper fühlt sich wunderbar geschmeidig an. Zum Schluss noch ein paar Drehungen und dann alle viere von sich strecken. Namaste!

Tipp: Noch mehr Frischluft-Yoga gibt's zwischen Mai und Oktober zum Beispiel bei

Yoga im Tal der Rosen - mit Blick auf den Killesbergturm.

»Sport im Park«, ein offenes und kostenloses Angebot vom Amt für Sport und Bewegung und dem Sportkreis Stuttgart (www.sport-kreis-stuttgart.de).

Hin & Weg: U5 bis Killesberg.

Beste Zeit: Mai bis September, immer montags 18 Uhr auf der großen Wiese im Tal der Rosen.

Dauer: 1 Std.

Ausrüstung: Yogamatte und bequeme Kleidung.

FAZIT: EINE ENTSPANNENDE (YOGA-) STUNDE UNTER FREIEM HIMMEL, NACH DER MAN SICH WIE NEUGEBOREN FÜHLT. KLARER KOPF INKLUSIVE.

EINMAL TRETBOOT-KAPITÄN SEIN

... am Max-Eyth-See

#6

Tretboot in Seenot ... Hilfe! Nein, hier versinkt nur die Abendsonne hinterm Horizont! Gemütlich auf dem Max-Eyth-See schippern macht richtig Spaß. Hektik? Goodbye!

Jetzt einfach mal treiben lassen im Wasser und dabei den leichten Wind als natürlichen Motor nutzen. Vorbei geht es an gelben Iris am Ufer und an den Weiden, die ihre Zweige tief eintunken ins kühle, klare Nass. Ein Angler wartet geduldig auf seinen Fang. Wie auch der Reiher nur ein paar Meter weiter im Uferdickicht, der reglos, aber sprungbereit auf den nächsten arglosen Fisch lauert. Eine Entenmutter sammelt zeternd ihre Jungen ein, die grad gar keine Lust auf eine Schwimmstunde haben.

Mehr als 600 Meter lang und über 300 Meter breit: der Max-Eyth-See ist das größte Stehgewässer in der Region. Entstanden ist der See durch den Abbau von Kies und Sand Anfang des letzten Jahrhunderts. Später zog das Gewässer Ausflüger aus der Stadt an. Seit 1961 steht der See unter Naturschutz, Schwimmen

ist heute nicht mehr erlaubt. Seiner Popularität tat das keinen Abbruch. Bis heute nutzen die Stuttgarter und deren Gäste das Gebiet um den See zum Wandern, Radfahren, Sonnenbaden, Angeln oder Tretbootfahren. Auf den Wiesen am Ufer ist reichlich Platz vorhanden zum Liegen oder Spielen. Auf der gegenüberliegenden Seite lädt das Keefertal zum Inliner- oder Radfahren, Spazierengehen oder Walken ein – unterhalb der steilen Weinlagen von Stuttgart-Mühlhausen.

Spiegelglatt liegt der See neben dem Neckar, wo Lastkähne und Ausflugsdampfer vorbeiziehen, unterhalb der steilen Weinhänge vom Cannstatter Zuckerle. Wer kann, kommt unter der Woche, dann gehört einem die Idylle fast allein. Mit etwas Glück lässt sich das schwarze Teichhuhn beim Brüten ins Familiennest schauen, wenn gerade Schichtwechsel ist.

Die einen lernen schwimmen, die anderen nutzen die Zeit zum Nestbau oder Fischen – am See ist tierisch was los.

Mama schwimmt davon, Papa scheint unzufrieden, räumt mit seinem roten Schnabel erst mal auf, zupft hier und da, bis er sich auf die Eier hockt. Ruderer, Segler und E-Boot-Kapitäne drehen ihre Runden auf dem See, hier und da ein kleines Ausweichmanöver, ein paar Mal kräftig treten und dann wieder sanft auf dem Wasser gleiten. Herrlich.

Beim Tretbootfahren in dieser traumhaften Umgebung verfliegt die Zeit viel zu schnell. Kein SOS, alles im Lot, Schatz: Land in Sicht.

FAZIT: EIN SEHR ENTSPANNTES AFTER-WORK-CRUISEN FÜR TEILZEIT-SKIPPER AUF DEM STUTTGARTER HAUSSEE.

Hin & Weg: U14 bis Max-Eyth-See.

Beste Zeit: März bis September bei schönem Wetter, tgl. ab 11 Uhr, www.miet-ein-boot.de

Dauer: 1 bis 2 Std.

Ausrüstung: Kamera.

→ ABSTECHER...

EINE RUHIGE KUGEL SCHIEBEN

≥ ... Boule auf dem Stuttgarter Schlossplatz ≤

#7

Hauptsache draußen sein, jetzt wo es so schön lang hell ist. Baggersee? Zu weit weg. Boule oder Pétanque? Gute Idee für einen Sommerabend mit Freunden – mitten in der Stadt.

Die Sonne steht noch ziemlich hoch, angenehm warm ist es im Schatten, die Luft flirrt. In den Cafés kaum noch ein freies Plätzchen. Fast ein bisschen wie im Urlaub in Südfrankreich. Mit etwas Fantasie fühlt sich das auf dem Schlossplatz tatsächlich so an – die Kastanienbäume verwandeln sich in Platanen, und ein paar Schaulustige finden sich auch garantiert.

Pétanque ist die Spielart, die meist als Boule bezeichnet wird. Die Regeln, grob vereinfacht, gehen so: Zwei Mannschaften spielen gegeneinander, bei 13 Punkten ist Schluss. Wessen Boule am nächsten am Cochonnet liegt, so heißt das Schweinchen, pardon: die kleine Kugel, hat gewonnen. *C'est tout.* Kleinere Spielpausen gibt's reichlich, schließlich entscheiden oft nur Millimeter über den Sieg, und dann kommt schon mal das Maßband zum Einsatz. Freizeitfranzosen kommen aber

auch mit Pi mal Daumen bestens zurecht, diskutieren kann man später bei einem Glas Wein noch genug. Ist ohnehin viel lustiger, mit einem gezielten Wurf die gegnerische Kugel lässig ins Abseits zu kicken. Falls man trifft. Den richtigen Dreh herauszukriegen, ist ganz schön schwierig.

Der Name des Spiels kommt von Boule, dem französischen Wort *la boule*, die Kugel. Dabei haben es die Franzosen gar nicht erfunden. Das Boule-Spiel ist schon ziemlich alt. Bereits 460 vor Christus sollen griechische Ärzte, unter anderen Hippokrates, das Spiel mit Steinkugeln empfohlen haben. Bei einer späteren Variante wurden Kugeln auf einen Ziegelstein geworfen. Wer nicht traf, musste den Sieger auf seinen Schultern ins Ziel tragen. Aus dieser Spielart entwickelte sich das heute übliche Boule oder Boccia, was relativ ähnlichen Re-

Die Regeln sind einfach: Wessen Boule am nächsten am Cochonnet liegt, dem Schweinchen, hat gewonnen. Versierte Boule-Spieler haben deshalb immer ein Maßband dabei.

geln folgt. Im Mittelalter war Bowl in London sehr beliebt, während es in Frankreich zeitweise sogar verboten war. Zur Weltausstellung in Paris 1900 gewann das Spiel als Volkssport wieder Popularität. Und auch wenn es nicht offiziell als Sportart zugelassen war, wurden während der Olympischen Spiele im selben Jahr mehrere Wettbewerbe ausgetragen.

Erst mal nur zuschauen und ein paar Kniffe von den Profis abgucken? Geht auch, dienstag- und donnerstagabends übernehmen die das Feld auf dem Schlossplatz.

FAZIT: UNKOMPLIZIERT, LÄSSIG – UND MAL WAS ANDERES ALS DIE OBLIGATORISCHE GRILLPARTY.

Hin & Weg: U5, 6, 7, 12, 15 bis Schlossplatz.

Beste Zeit: April bis Oktober.

Dauer: 1 bis 2 Std.

Ausrüstung: Pétanque-Kugeln.

STRAND-FEELING

~ ... Sonne tanken in Remseck am Neckar ~

#8

Mit der U-Bahn direkt zum Strand, wo gibt's denn so was? Na, am Rems-Eck natürlich, wo Neckar und Rems zusammenfließen. Der fast hundert Meter lange Sandstreifen sorgt für echtes Urlaubsgefühl.

Juhu, Strandwetter! Nach Feierabend flugs Sonnencreme, Decke und ein gutes Buch eingepackt und nix wie raus nach Remseck-Neckargröningen. Fast zu schade, den Stadtteil links liegen zu lassen. Sehr ursprünglich präsentiert sich der Ortskern mit Höfen und Fachwerkhäusern aus dem Mittelalter. Das historische Rathaus bekam 1870 ein Türmchen, in dem die Feuerglocke untergebracht ist. Interessant auch das Schafhaus aus dem 18. Jahrhundert oder die 300 Jahre alte Schmiede mit den Hochwassermarken an den Ecken. Die Kirche bot damals Schutz vor den Neckarfluten. Bis heute steht der spätgotische Bau gut erhalten in der Ortsmitte. Innen hat man kunsthistorische Wandmalereien aus der Zeit um 1450 entdeckt.

Statt über eine Brücke gelangte man früher mit der Neckarfähre über den Fluss, erst 1735 ließ der Herzog von Württemberg einen Holzsteg bauen.

Von der Endhaltestelle der Stadtbahn sind es gerade einmal zwei, drei Minuten bis zum Neckarstrand. Die Füße in den warmen Sand stecken, die Sonne auf der Haut spüren, den Wind in den Haaren. Schreien die Krähen mit ein bisschen Fantasie nicht fast wie Möwen ... Urlaubsfeeling kommt hier schnell auf. Schatten bieten ein paar Weiden am Ufer, ein Graureiher inspiziert gut getarnt die Lage, manchmal schwimmt ein Schwanenpaar vorbei. Baden? Leider verboten, aber auf einem der Steine sitzen und die Füße zum Abkühlen in den Fluss tauchen, dagegen hat sicher keiner was.

Wer noch Appetit hat auf ein Eis oder etwas Kühles zum Trinken, spaziert rüber zum Boots-

Relaxen am Stadtstrand – nach Feierabend geht's für ein paar Stündchen an den Neckar.

haus am Hechtkopf (www.bootshausam-hechtkopf.net). Auf der Terrasse kann man im Liegestuhl den vorbeifahrenden Schiffen winken und ein Glas Wein genießen. Die Trauben wachsen hier ja gleich um die Ecke. Nicht nur die bekannten Württemberger Haus-und-Hof-Gewächse Trollinger und Lemberger, sondern auch weiße Tropfen wie Weißburgunder, Müller-Thurgau oder Silvaner. An einem warmen Tag wie diesem eine wunderbare Erfrischung. Savoir-vivre auf Schwäbisch.

Hin & Weg: U14 bis Neckargröningen/Remseck.

Beste Zeit: Im Sommer, Bootshaus von 11 bis 14.30 und 17 bis 22 Uhr geöffnet.

Dauer: 2–3 Std.

Ausrüstung: Decke, Sonnencreme, einen MP3-Player mit den Lieblingssongs und Kopfhörer oder eine nette Lektüre.

> **FAZIT: WENN DER ALLTAG MAL 'NE PAUSE BRAUCHT. ODER FÜR EINEN SUNDOWNER AM WASSER.**

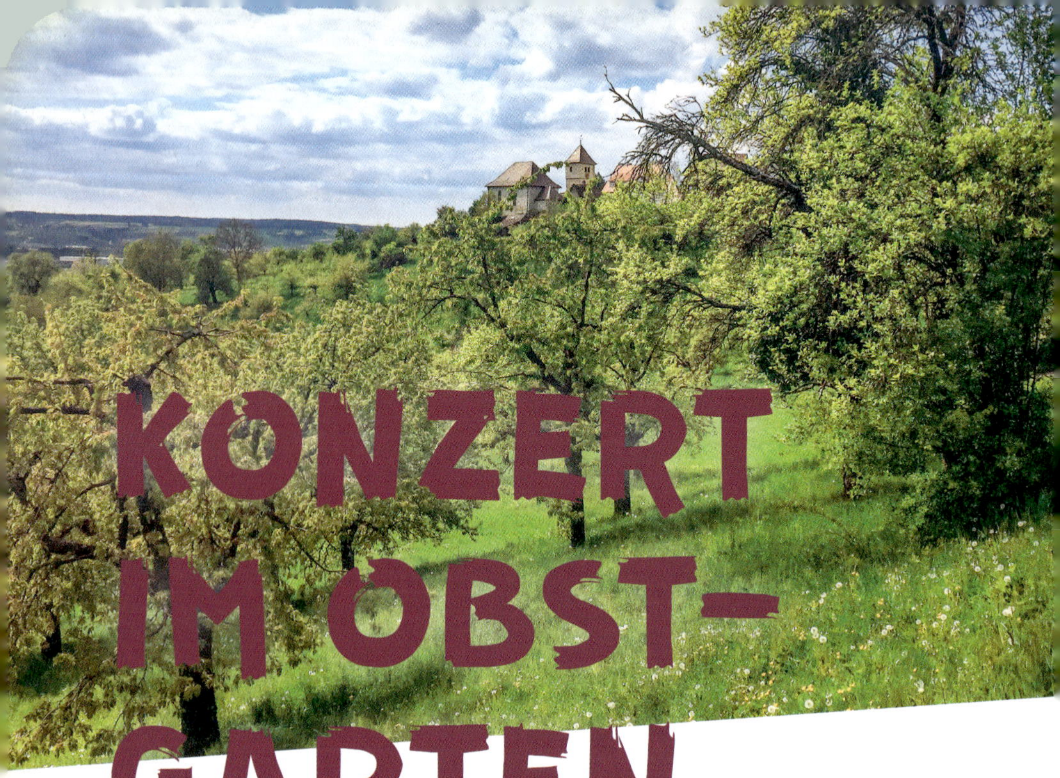

KONZERT IM OBST-GARTEN

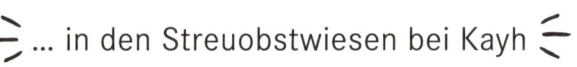

... in den Streuobstwiesen bei Kayh

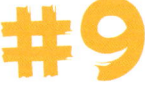

#9

Kayh hat einen in der Krone? Nö, sind schon recht viele, die da zwitschern. Am Rand des Schönbuchs, im größten Streuobstwiesengebiet Europas, gibt's ordentlich was auf die Ohren.

#Schönbuch #Vogelkonzert #Stimmenraten #wasaufdieOhren

Kleiner Abstecher auf den Grafenberg, der sich lohnt.

Das Streuobsterlebnis startet direkt am Parkplatz im Herrenberger Ortsteil Kayh. Ein paar Schritte durchs Wohngebiet, an den ersten Kirschbäumen vorbei, und schon steht man mitten in der Natur unterhalb des Grafenbergs. Beziehungsweise sitzt auf der ersten Bank und schaut den Schmetterlingen zu. Die Runde ist mit vier Kilometern nicht lang, warum also nicht ein bisschen bummeln? Oder Luft schnappen für das nächste Stück Weg, der immer steiler ansteigt. Gut für die Bäume, denn am Hang prallt die kalte Luft ab, keine Chance für den Frost, den zarten Blüten im Frühling etwas anzuhaben. Die Landwirte mü-

hen sich dafür enorm, das Mähen der Wiese am Steilhang ist nämlich echte Knochenarbeit. Oder Fitnessprogramm, je nach Sichtweise. Die nächste Bank lockt schon bald. Von hier schweift der Blick über Kayh, was in sehr viel früherer Zeit umgangssprachlich so viel hieß wie »gepflegtes Land«. Eine Zeit lang wuchsen an dieser Stelle Reben, deren Wein am Königshof in Stuttgart angeblich in Strömen genossen wurde und dem Ort Wohlstand brachte. Heute

Aussicht auf den Ort Kayh am Grafenberg.

ist Kayh Teil einer der größten zusammenhängenden Streuobstlandschaften Europas.

Später ordnete der König von Württemberg an, auf den Keuperböden rund um Kayh Obstbäume zu pflanzen, damit das Volk etwas zu essen hatte. Das war auch ein Glücksfall für die Natur: In alten oder toten Bäumen finden Insekten und Vögel ein Quartier, zwischen den Wurzeln rascheln Mäuse, Igel, Eidechsen, Blindschleichen schlängeln sich über die Wiese. Im Dachgeschoss leben Läuse, die locken Vögel an, die sich diese Leckerbissen wiederum in der Baumkrone schmecken lassen. Unter der großen Kastanie heißt es Ohren spitzen. Besonders im Frühling und Sommer zwitschert und trällert es von allen Seiten. Mit etwas Glück hört man sogar den Wendehals (kann tatsächlich seinen Kopf um 180 Grad drehen), der manchmal in den Bäumen hockt. Öfter zu Gast: der Grünspecht. Pickt mit Vorliebe Ameisen aus dem Gras – und lacht dabei. Jedenfalls klingt sein Ruf so. Das Handy klingelt? Ach nein, der Star war's. Der kann echt gut imitieren.

FAZIT: GRÜN, BUNT, DUFTEND — UND BESONDERS IM FRÜHLING BERAUSCHEND.

Hin & Weg: Mit dem Auto auf der A81 bis zur Abfahrt Herrenberg.

Beste Zeit: Frühling bis Herbst.

Dauer & Strecke: 2 bis 3 Std., 4 km.

Ausrüstung: Picknickrucksack und Decke, evtl. ein Fernglas.

WORKOUT AN DER FRISCHEN LUFT

½ ... Gerätetraining im Stadtpark ½

#10

Nase voll von schwitzenden und keuchenden Trainingsnachbarn im Fitness-Studio? Im Stadtpark Zuffenhausen gibt's das Gerätetraining unter freiem Himmel.

Pumpen mit schwerem Eisen war gestern. Hängen, drücken, ziehen – die Street-Workout-Szene macht's lässig vor: Für Muckis braucht es weder Hanteln noch Hightech-Geräte. Nur einen Calisthenics-Parcours. Wie den in Zuffenhausen, einen Katzensprung entfernt von der Stadtbahn-Haltestelle Fürfelder Straße. Der Name kommt aus dem Griechischen, von *kalos* (schön) und *sthenos* (Kraft), und meint das Trainieren mit dem eigenen Körpergewicht. Der Mega-Trend kommt ursprünglich aus New York, aus der Ghetto-Szene, mittlerweile gibt es sogar eine Calisthenics-Weltmeisterschaft.

Klimmzugstangen, Barren, Reck und Hangelstrecken sind die zentralen Elemente. Damit ist eigentlich alles beschrieben. Was man an den Geräten so anstellt, bleibt der eigenen Fantasie und/oder Kondition überlassen:

Klimmzüge, Situps, Hangwaage, Barrenstütz oder Crunches …

Calisthenics ist Kult, vor allem bei jungen Menschen, wie ein Blick auf Youtube zeigt. Stars der Szene wie die Bar Brothers oder die Jungs von Calisthenics Movement zeigen, was regelmäßiges Training bewirken kann. Denn das Beste ist: Die Übungen trainieren den ganzen Körper. Egal wie alt, jeder kann mitmachen. Okay, es dauert eine Weile, bis man solche Muckis vorweisen kann. Aber das Gute ist ja, das man je nach Altersstufe und Gewichtsklasse sein Leistungslevel selbst anpassen kann. Anzahl der Wiederholungen und Tempo steigert man einfach nach und nach. Wenn es am Anfang noch nicht so recht mit den Klimmzügen klappen will, auch kein Problem. Beweglichkeit, Körperkontrolle und Spaß am Bewegen sind das A und O. Das fördert

Kultsportart Calisthenics: Das Open-Air-Training mit dem eigenen Gewicht macht richtig Spaß.

die Kondition und stärkt außerdem das Herz-Kreislauf-System – eine Portion Frischluft gibt's gratis dazu.

Abstürzen? Kein Problem, dank der Holz-schnitzelunterlage fällt man ganz weich. Wer gern vor Publikum turnt: Fortgeschrittene können mit ein paar eleganten Angeberübungen ihre Stahlmuskeln zeigen und sich den Applaus der Umstehenden sichern.

Hin & Weg: U7 bis Fürfelder Straße.

Beste Zeit: Ganzjährig.

Dauer: 1–2 Std.

Ausrüstung: Keine.

FAZIT: SPORTELN MAL ANDERS – IDEAL FÜR ALLE, DIE GERN AN DER FRISCHEN LUFT TRAINIEREN.

DA JOGGT DER BÄR ...

... im Stuttgarter Westen

#11

Die Parkseen am Bärenschlössle: wirklich schön, nur leider proppenvoll. Frühmorgens hat man das hübsche Fleckchen Natur noch fast für sich allein – perfekt zum Joggen oder Walken.

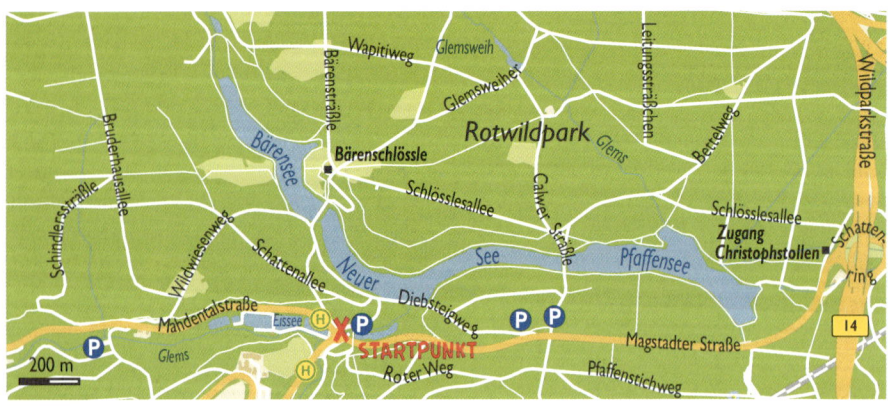

Den frühen Vogel warten lassen? Heute nicht. Nix wie raus aus den Federn, Joggingklamotten angezogen und ab zu den Parkseen. Vaihinger könnten die knapp fünf Kilometer zu den Seen radeln, alle anderen kommen besser mit dem Auto ins Mahdental. Vor allem sehr,

sehr früh. Später am Tag wimmelt es rund um das Bärenschlössle nur so vor lauter Joggern, Spaziergängern, Radlern und Wanderern, die sich den schmalen Uferpfad teilen müssen. Links rum, rechts rum – egal. Die Strecke um alle drei Seen herum ist mit sechs Kilometern

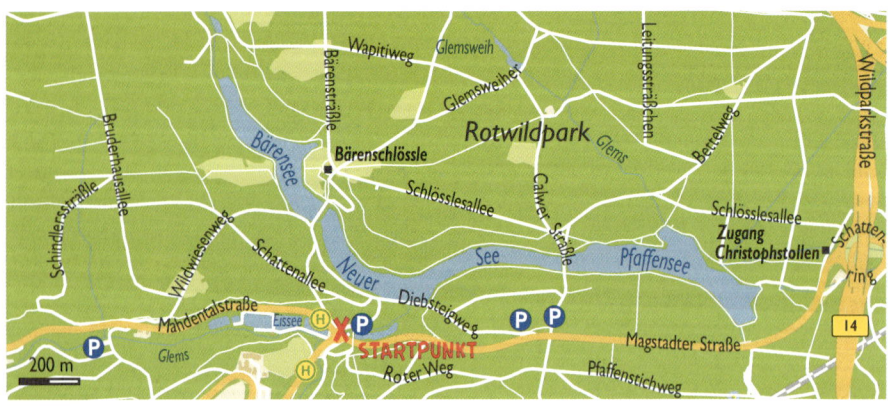

Gut für eine schnelle Joggingrunde am Morgen: die Parkseen im Stuttgarter Westen.

genau richtig, um ordentlich Energie zu tanken für alles, was der Tag bringt. Nur Zeit für 'ne kleine Runde? Voilà: Bärensee, Neuer See, Pfaffensee lassen sich gut einzeln umrunden.

Der Wald reicht bis ans Wasser, das grün und kristallklar schimmert und Stuttgart lange als Trinkwasserreservoir diente. Kurz mal abtauchen? Leider verboten. Fische beobachten schon. Schleien, Hechte, Barsche und Forellen tummeln sich munter im Wasser, besonders hübsch sind die jungen Rotfedern, die sich im Flachen wärmen. Was für ein Gezappel leuchtend roter Flossen. Sogar Teichmuscheln und Krebse leben seit einigen Jahren wieder in den Parkseen. Dann geht es weiter. Idyllisch spazieren wir unter Kiefern, Birken, Buchen hindurch, über Wurzeln, vorbei an Veilchen und Huflattich im Frühling, durch buntes Laub im Herbst. Herrlich schattig im

Sommer, Zitronenfalter tanzen in der Sonne. Der perfekte Spot für ein spontanes Handy-Selfie? Am Pavillon gegenüber vom ehemaligen Lustschloss.

> **FAZIT: FLOTTE JOGGING- ODER WALKING-RUNDE AUF WALDWEGEN DIREKT AM WASSER. ZU JEDER JAHRESZEIT SCHÖN – NUR NIX FÜR LANGSCHLÄFER, DIE GERN ALLEIN IN DER NATUR UNTERWEGS SIND.**

Hin & Weg: Bus 92 bis Schattengrund; besser ist es mit dem Auto (Parkplätze auch an der Magstadter Straße).

Beste Zeit: Sobald es hell wird am Morgen.

Dauer & Strecke: 1 bis 2 Std., ca. 6 km.

Ausrüstung: Bequeme Schuhe, evtl. Walkingstöcke.

FLUGS AUFTANKEN IN DER WILDNIS

⤜ ... an der Dürrbachklinge bei Stuttgart-Gablenberg ⤛

#12

Der Akku ist fast leer und auch der Kopf bräuchte mal 'ne Pause? Soforthilfe mit frischer Waldluft und wilder Natur verspricht die Dürrbachklinge im Stuttgarter Osten.

Genug g'schafft für heute! Die restliche Arbeit kann bis morgen warten. Jetzt erst mal rein in bequeme Klamotten und raus ins Freie. Von der Bushaltestelle Fuchsrain geht's die ersten Meter gleich knackig nach oben, vorbei am Naturfreundehaus, auf dem Waldweg halblinks halten, und ruckzuck ist man auf der Waldebene Ost – das erste Höhentraining wäre absolviert. Nicht nur der Puls kommt auf Trab. Die eigentliche dreieinhalb Kilometer lange Runde beginnt am Parkplatz, lässt sich aber beliebig variieren. In jedem Fall geht's zunächst bergab in die »Schlucht«, die der Dürrbach 30 Meter tief zwischen Wangener Höhe und Frauenkopf in den Wald gegraben hat: ursprünglich, wild, fast schon romantisch. Wilde Erdbeeren und Kirschen säumen den schmalen Weg. Rotkehlchen, Buchfinken und Singdrosseln trällern um die Wette, der bunte Eichelhäher ist auch nicht weit. Ganz selten lässt sich der Schwarz-specht blicken, dessen selbstgezimmerte Höhlen offensichtlich auch bei Untermietern ziemlich beliebt sind, so viele heimische Vögel sind im Dürrbachwald zuhause.

FAZIT: FUNKTIONIERT BEI JEDEM WETTER: IDEALE RUNDE DURCH DEN WALD, UM SCHNELL ENERGIE ZU TANKEN, KLEINES KREISLAUFTRAINING INKLUSIVE.

Hin & Weg: Bus 45 bis Fuchsrain oder U15 bis Payerstraße (weniger steil) und jeweils ca. 1 km zu Fuß – oder mit dem Auto direkt bis zum Parkplatz Waldebene Ost.

Beste Zeit: Ganzjährig.

Dauer & Strecke: 1 bis 2 Std., 3 bis 4 km.

Ausrüstung: Nix Besonderes.

Eine Riesenportion Waldluft gefällig? Dann ab in die Dürrbachklinge im Stuttgarter Osten.

Der kleine Weiher am Ende der Klinge ist ein Rückzugsgebiet für Feuersalamander, Bergmolch und Grasfrosch. Im Frühsommer wimmelt es hier nur so von Minikröten und Zwergamphibien, die ihre Kinderstuben verlassen. Man könnte ewig auf den Bänken am Ufer sitzen und zuschauen, die Wärme der Sonne im Gesicht. Blätterrauschen mischt sich mit dem Duft der Kiefern, die Luft ist klar. Eine gute Gelegenheit, noch mal tief durchzuatmen, bevor es dann immer leicht bergauf auf dem Kiesweg zurück zum Parkplatz geht.

IST ECHT DIE HÖHE

... mit dem Rad um den Bismarckturm

#13 *Durch den Wald radeln oder in die Ferne schweifen? Beides, und zwar im Stuttgarter Norden an einem der schönsten Aussichtsplätze, die die Stadt zu bieten hat.*

Schluss für heute! Termine und Kollegen müssen bis morgen warten. Der Tag war anstrengend genug. Jetzt schnell Klamotten wechseln, das Rad schnappen und den Kopf frei bekommen. So richtig schön klappt das rund um den Bismarckturm – vom Höhenpark Killesberg fast nur ein Katzensprung. Wer vor 18.30 Uhr Feierabend hat, muss auf die Anfahrt mit der Stadtbahn zwar verzichten, die zwei, drei zusätzlichen Kilometer raus aus dem Kessel sind aber wirklich schnell geradelt. Oben angekommen, stellt sich die Frage:

Für diesen Ausblick lohnt es sich, ein paar Mal kräftig in die Pedale zu treten, oder?

gleich zum Turm, auf die Wiese gehockt, von der Abendsonne streicheln lassen und ein bisschen schmökern oder erst noch etwas bewegen und eine Runde durch den Kräherwald drehen? Vielleicht gar keine schlechte Idee: kreuz und quer, auf und ab durch den Laubwald, über Wurzeln, durch raschelnde Blätter. Oder lieber ein kleines extra Workout? Auch möglich: Der drei Kilometer lange Fitness-Trail im Kräherwald wartet mit verschiedenen Stationen auf. Man muss ja nicht jede mitnehmen. Nach der Turnerei nun aber die Belohnung. Das heißt, noch nicht ganz, denn der kurze, knackige Anstieg zum Bismarckturm hat es dann doch noch mal in sich – gut für stramme Waden.

Herrlich, jetzt die Aussicht genießen – zum Fernsehturm, auf die Weinberge am Rotenberg, ach was, über die ganze Stadt und drüber hinaus. Der helle Sandsteinturm (tolles Fotomotiv vor blauem Himmel) markiert schließlich den höchsten Punkt im Stuttgarter Norden. Raufsteigen? Klar, im Sommer jeweils bis Sonnenuntergang. Und den sieht man von hier oben natürlich besonders schön.

FAZIT: SCHNELLE FEIERABENDRUNDE ZUM ABSCHALTEN, GRÜN TANKEN – ODER FÜR EIN HÜBSCHES SUNDOWNER-SELFIE.

Hin & Weg: U5 bis Killesberg.

Beste Zeit: Nach Feierabend (Achtung: zwischen 16.00 und 18.30 Uhr sind Räder in der Stadtbahn tabu).

Dauer & Strecke: 1 Std., 8–11 km (je nach Route).

Ausrüstung: Decke, evtl. kleine Lektüre.

understeffe

STÄFFELES-RUTSCHER

⊰ ... Auf und Ab in Stuttgart ⊱

#14 *Ganz schön praktisch, wenn die eigene Stadt ein riesiges Outdoor-Fitness-Studio ist. In das man jederzeit reinspazieren kann und für das man nicht einen Cent zahlen muss. Einfach vor die Haustür gehen – die nächste Staffel ist nicht weit.*

Treppauf, treppab durch die City macht fit.

Zwischen 400 und 600 Treppen gibt es in Stuttgart, die aus dem Kessel hinaus- oder in ihn hineinführen – in jedem Fall aber zu mehr Kondition. Mit 350 Stufen eine der längsten: die Taubenstaffel von Heslach Richtung Hasenbergsteige (mit Belohnung: ein Biergartenbesuch auf der Karlshöhe). Die war sogar schon im Fernsehen – im Tatort-Krimi klickten hier die Handschellen. Einige der ältesten und weniger bekannten Stäffele befinden sich im Stuttgarter Osten.

Und da geht's jetzt los: Kurz hinterm Olgaeck steigt man an der Gänsheide 260 Stufen auf der Sünderstaffel zum Bubenbad hinauf. Seit dem 14. Jahrhundert schon. Die kleine Aussichtsterrasse belohnt mit einem weiten Blick über die Stadt. Von dort kommt man anschließend hinunter nach Gablenberg, einem Stadtteil mit bunten Häusern und dörflicher Atmosphäre. Egal, ob auf der Farren- oder der Gablenberger Hauptstraße, überall sind kleine Stäffele versteckt. An der Kreuzung Asperg-/Farrenstraße führen linker Hand auf der Gottliebstraße unzählige Stufen hinauf zur Spemannstraße. Links halten und dann rechts die Stufen auf dem Silberweg rauf, die Planckstraße überqueren und weiter auf dem Straußweg zur Heidehofstraße, immer schön aufwärts. Direkt nach der Villa der Robert-Bosch-Stiftung über die Straußstaffel zur Abwechslung mal nach unten, um dann am Wagenburgplatz die letzten Stufen hinauf zur Uhlandshöhe zu steigen, die mit einer 360-Grad-Rundumsicht auf die Stadt belohnt. Geschafft, ab jetzt geht's nur noch bergab: vorbei am Werkstatthaus (vielleicht mit Kaffeestopp?, www.werkstatthaus.net) in der Villa Hauff und über die Gerokstaffel zum Eugensplatz. Im Sommer wartet der »Pinguin« hier nur darauf, die unterwegs verlorenen Kalorien mit köstlichem Eis wieder aufzufüllen (www.eispinguin.de).

FAZIT: SIGHTSEEING MAL ANDERS. EINE RUNDE DURCH UNBEKANNTERE ECKEN DES STUTTGARTER OSTENS – SELBST MIT WENIG KONDITION GUT ZU SCHAFFEN.

Hin & Weg: Mit der Stadtbahn bis Olgaeck, zurück ab Eugensplatz.

Beste Zeit: Ganzjährig.

Dauer & Strecke: 2 Std., ca. 4 km.

Ausrüstung: Flache Schuhe.

PICKNICK MIT AUSSICHT

>- ... in den Weinbergen bei Uhlbach -<

#15

Ein Amphitheater aus Reben mit Logen-platz zum Sonnenuntergang. Wenn das kein idealer Platz ist für ein Picknick – unterhalb der Grabkapelle auf dem Württemberg.

Picknick mit Panoramablick: Es braucht nicht viel, um glücklich zu sein.

Heute bleibt die Küche kalt. Rasch ein biss-chen Käse, Baguette und eine Flasche Wein im Rucksack verstaut und ab nach drau-ßen. An der frischen Luft schmeckt's gleich doppelt so gut, fehlt nur noch ein Plätzchen mit schöner Aussicht. Voilà, damit kann das Weindreieck zwischen Obertürkheim, Uhl-bach und Rotenberg punkten. Vom Hügel der Kapelle aus lässt sich bei klarer Sicht sogar die Schwäbische Alb erblicken. Doch so hoch hinaus muss man gar nicht, ein zünftiger Pick-nickplatz findet sich am großen Findling beim Wengerthäusle in den Uhlbacher Weinlagen – mittendrin im Weinbergpanorama. An den sonnigen Hängen unterhalb der Grabkapelle reifen neben Trollinger, Lemberger und Spät-burgunder auch weiße Rebsorten wie Ries-ling, Weiß- und Grauburgunder. Herrlich vom Frühsommer, wenn die Reben blühen und deren filigrane Knospen hell durch das satte Grün der Blätter schimmern, bis zum Farben-feuerwerk im Herbst. Von den süßen Trauben naschen? Lieber nicht, da werden die Winzer echt sauer.

Hin kommt man ganz einfach auf dem Würt-tembergischen Wein-Wanderweg oder man steigt in Obertürkheim in den Bus nach Uhl-bach, von dort sind es nur noch fünf Minuten zu Fuß.

Lust auf einen kleinen Verdauungsspazier-gang? Durch die Weinberge führen mehrere Wirtschaftswege hinauf nach Rotenberg. Das gibt besonders im Abendlicht, wenn die Son-ne schön schräg steht, dramatisch schöne Aufnahmen. Zurück kommt man mit dem Bus nach Obertürkheim.

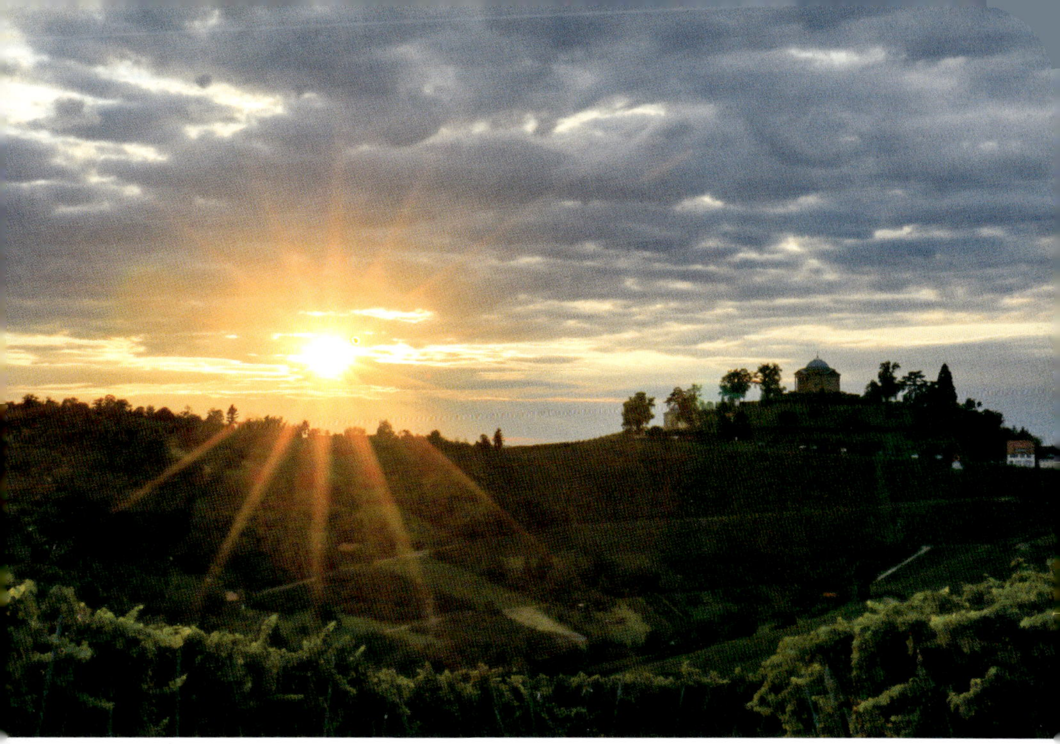

FAZIT: SPONTANE AUSZEIT NACH FEIERABEND MIT HOHEM GENUSSFAKTOR. BRINGT URLAUBSFEELING IN DEN ALLTAG – UND TOLLE FOTOS.

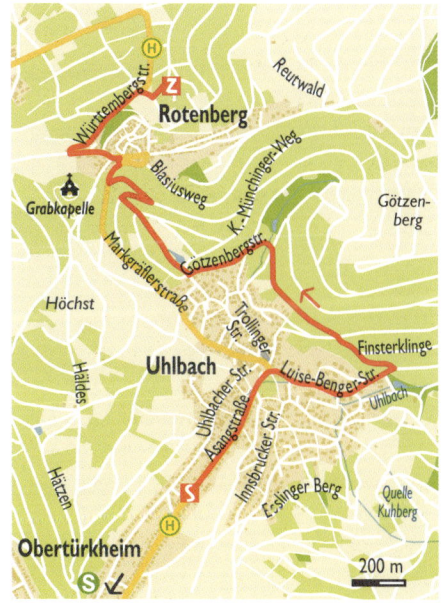

Hin & Weg: S1 bis Obertürkheim, dann Bus 62 bis Uhlbach, zurück ab Rotenberg.

Beste Zeit: Am schönsten zwischen Mai und Oktober.

Dauer & Strecke: 1–2 Std., von Uhlbach bis Rotenberg knapp 4 km.

Ausrüstung: Picknickrucksack und Decke.

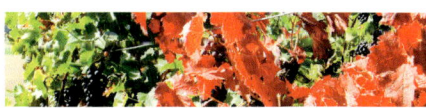

THE WILD SIDE

⤜ … im Rotwildpark zwischen Vaihingen und Botnang ⤛

#16

Auf Hirsch-Pirsch gehen in der Großstadt? Unmöglich! Nicht ganz. Zwischen Botnang und Vaihingen säumt der Rotwildpark beinahe nahtlos die Stuttgarter Stadtgrenzen. Perfekt, um die scheuen Waldbewohner aus der Nähe zu beobachten.

Einmal posieren fürs Foto, bitte. Fotojäger finden im Rotwildpark garantiert eine gute Beute.

Nur ein, zwei Millimeter Draht trennen ihn von denen da draußen. Vorsichtig schiebt der Hirsch sein Maul durch den Maschenzaun, hofft wohl auf ein paar Karotten oder Äpfel aus den Taschen der Spaziergänger auf der anderen Seite. Gar nicht so einfach mit einem Riesengeweih auf dem Kopf. Aber was macht man nicht alles für einen Leckerbissen? Und wer kann schon solch großen braunen Augen widerstehen? Seine Gefährtinnen sind deutlich scheuer, spitzen die Ohren, bleiben lieber auf Distanz. Herr Hirsch dagegen kaut in aller Ruhe und genießt das Streicheln.

Der Weg ist schnell erklärt: Von der Bushaltestelle Forsthaus II das schnurgerade Bärensträssle bis zur großen Wiese und dann links in die Pappelallee einbiegen, die geradewegs zum Hirschgehege-Rundweg führt – durch einen bunten Waldmix aus Lärchen, Birken, Buchen, Stieleichen, Schwarzerlen und Kiefern. Von allen Seiten trällert und zwitschert es im Frühling von den Bäumen, ein Tagpfauenauge wärmt seine Flügel in der Sonne, Zitronenfalter flattern, als wollten sie einem den Weg weisen. Ab und zu kann man einen Buntspecht hämmern hören. Am Weg ruhen umgesägte Stämme mit weit mehr als hundert Jahresringen.

Angelegt wurde das Gehege 1815 von König Friedrich I., es ist eines der ältesten Naturschutzgebiete in Württemberg. Eine echte Sauerei gibt's ein paar Meter weiter, hinter der Unterführung der Wildparkstraße. Mit etwas Glück kann man das Schwarzwild im Wildschweingehege auch tagsüber erspähen – riechen tut man's garantiert. Zurück geht's über den Waldpfad parallel zur Straße.

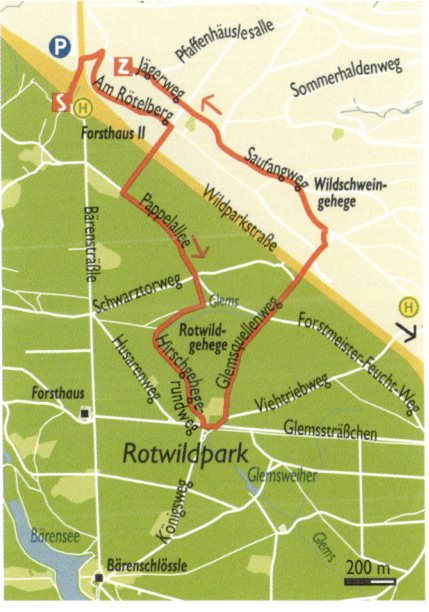

Wem der Ausflug etwas zu kurz erscheint, der hängt ganz einfach noch einen zweiten dran: Zum Bärenschlössle und den drei Wildparkseen sind es nur zusätzliche 20 Minuten Fußmarsch.

Hin & Weg: Bus 92 ab Rotebühlplatz bis Forsthaus II.

Beste Zeit: Ganzjährig.

Dauer & Strecke: 2 Std., etwa 4 bis 5 km.

Ausrüstung: Evtl. Futter für die Tiere.

FAZIT: SCHNELL MAL RAUS, ABER KEINE LUST ZUM WANDERN? DANN IST DAS DER PERFEKTE AUSFLUG FÜR EINEN FREIEN NACHMITTAG IN FRISCHER WALDLUFT.

AFTER-WORK IM EICHENHAIN

 ... runterkommen in Stuttgart-Sillenbuch

#17 *Mächtiger Stamm, ausladende Krone – die bis zu 400 Jahre alten Bäume im Sillenbucher Eichenhain strahlen vor allem eines aus: Ruhe.*

#Heidelandschaft #Orchideen #Schafe #Baumriesen #Ruhe

Auf einmal blöken alle durcheinander, die großen, die braunen, die ganz kleinen, die Ziegen mit dem Glöckchen, und sogar das schwarze Schaf macht mit. Wenn gerade die Wanderschäferin mit ihrer Herde vorbeizieht, kann es mitunter ganz schön laut werden. Ansonsten gibt's hier rein gar nichts zu meckern. Ganz im Gegenteil: Die Aussicht ist unverstellt, da können die Gedanken weit schweifen – vom Fernsehturm bis zum Flughafen. Auf einer Bank unter den alten Eichen fühlt man sich geborgen und frei zugleich. Findet Muße für ein gutes Buch oder die kreative Idee, die schon so lange schlummert. Zeit erscheint relativ angesichts der beträchtlichen Anzahl der Jahresringe dieser Baumriesen. »Wirklich wichtig« oder nur »dringend«? Dieses Fleckchen ist bestens geeignet zum Nachdenken, zum Neugewichten der großen und kleinen Banalitäten des Alltags. Man kann natürlich auch einfach so ein bisschen spazieren in dieser herrlich grünen Stadtoase, die winzigen Orchideen bewundern und im Herbst den kunterbunten Blätterrausch bestaunen. Besonders romantisch bei Sonnenuntergang.

Seit 1958 steht das Gebiet unter Naturschutz, wurde aber schon früher als Weidefläche genutzt; zum Beispiel trieb man Schweine über die Wiesen, die mit Vorliebe die Eicheln fraßen. Heute sorgen die Schafe dafür, dass der Heidecharakter der Landschaft erhalten bleibt und sie nicht von Büschen überwuchert wird.

Hungrig geworden? Dann einfach noch zum Waldheim Sillenbuch spazieren. Im Clara-Zet-

Wenn Bäume reden könnten ... Aber es tut schon gut, einfach nur in ihrem Schatten zu sitzen und den Gedanken freien Lauf zu lassen.

kin-Haus gibt's Klassiker wie Schnitzel (donnerstags ist Schnitzeltag), Maultaschen und Kartoffelsalat (www.waldheim-stuttgart.de), im Sommer auch draußen. Schön auch für Kinder, die sich auf dem Spielplatz mit Karussell und Kletterbaum austoben können.

Hin & Weg: U7 bis Silberwald, rechts abbiegen in die Rudolf-Brenner-Straße (ca. 750 m Fußweg).

Beste Zeit: Das ganze Jahr über.

Dauer: 1 bis 2 Std.

Ausrüstung: Evtl. nette Lektüre.

FAZIT: SEHR WEITLÄUFIG, AUSSICHTSREICH UND UNGLAUBLICH ENTSPANNEND – EINE SPONTANE RUNDE DURCH DEN EICHENHAIN IST GENAU RICHTIG, UM HEKTISCHEN TAGEN DIE ROTE KARTE ZU ZEIGEN.

GIPFEL-GLÜCK

 ... Wanderung am Birkenkopf ...

#18

Der Birkenkopf alias »Monte Scherbelino« ist mit 511 Metern der höchste Berg im Stuttgarter Stadtgebiet. Eine Gipfeltour mit 360-Grad-Panorama, die für jeden ganz easy machbar ist. Sogar im Winter.

Bergsteiger sind Frühaufsteher. Schließlich muss man nicht nur auf den Berg rauf, sondern auch wieder runter, bevor es dunkel wird. Zugegeben, der Birkenkopf ist höhentechnisch gesehen eher ein Witz. Trotzdem lohnt es sich, etwas früher aus den Federn zu kommen. Genauer gesagt: vor Sonnenaufgang, wenn alle anderen noch schlafen. Dann hat man den Gipfel für sich allein – und den Tag noch vor sich. Flugs ein paar Leckereien für ein kleines Gipfelfrühstück in den Rucksack gepackt und dann rein in die Morgendämmerung. Von der Bushaltestelle am Birkenkopf geht's etwa eine Viertelstunde lang spiralförmig ansteigend durch den Wald. Oben erkennt man zunächst nur riesige Steinbrocken, die sich bei näherem Betrachten als Teile einst prächtig verzierter Fassaden oder andere Bruchstücke von Häusern erweisen.

Tatsächlich war der Birkenkopf einmal ein riesiger Schutthaufen. Nach dem Ende des Zweiten Weltkrieges karrte man die Trümmer der zerbombten Stadt hier hoch – auf den »Monte Scherbelino«.

Die Erinnerungsstücke des Krieges sind heute verwachsen zu einem Ort mit Wahnsinns-Rundum-Aussicht: über die Ausläufer des Schönbuchs zum Schwarzwald bis zur Alb. Die Stadt selbst liegt einem zu Füßen, und zeigt sich doch niemals ganz. Tiefer gelegene Stadtteile bleiben im Kessel verborgen. Mit 511 m ist der Birkenkopf der höchste Punkt im inneren Stadtgebiet (fast 300 m höher als der Neckar!). Zwischen den Steinen findet jeder ein geschütztes Plätzchen, Kinder lieben die Kraxelei »am Gipfel«. Doch die meisten Spaziergänger kommen erst später am Tag –

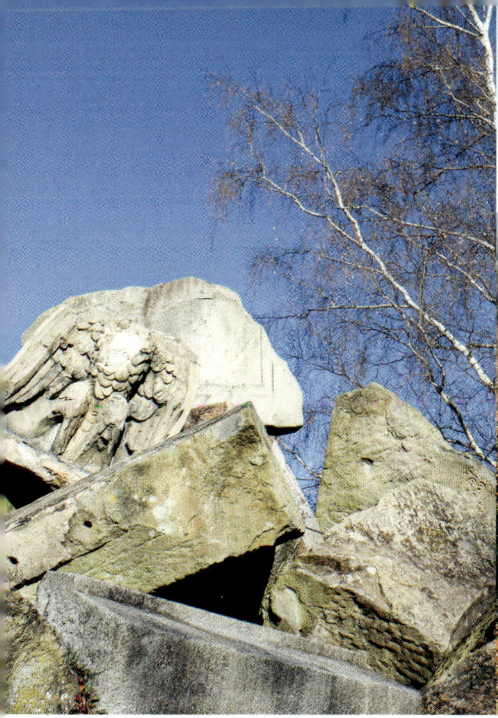

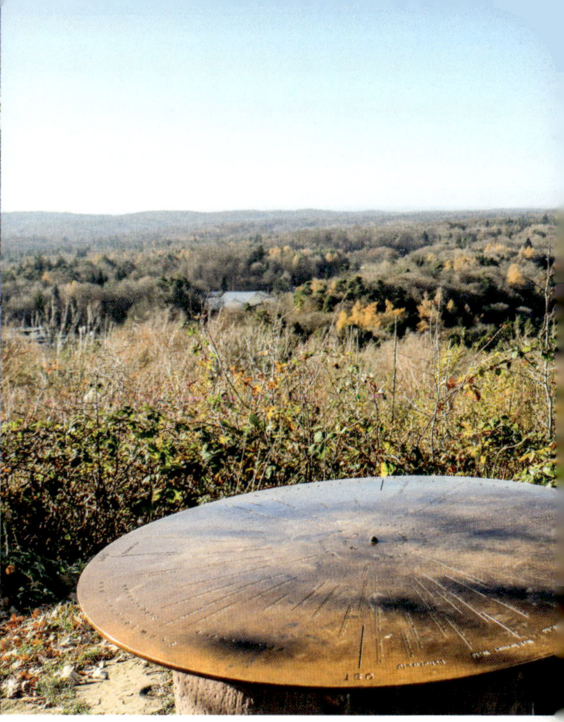

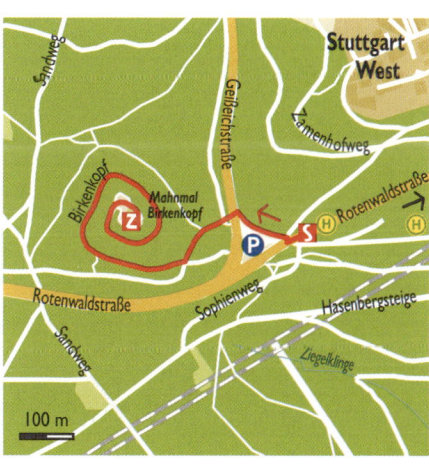

Mosaik aus Trümmern: Reste prächtiger Fassaden stapeln sich auf dem Birkenkopf, Stuttgarts höchstem Punkt.

und so genießt man den Kaffee aus der Thermoskanne mit etwas Glück ganz in Ruhe. Und über den Dächern der Stadt kriecht langsam die Sonne hervor, deren Strahlen den Himmel rosarot färben.

FAZIT: EINE BERGTOUR, DIE GANZ UND GAR NICHT SCHWEIßTREIBEND IST UND MIT GRANDIOSER FERNSICHT BELOHNT.

Hin & Weg: Bus 92 ab Wilhelmsbau.

Beste Zeit: Sonnenaufgang. Ganzjährig.

Dauer & Strecke: 1 bis 2 Std., 2 km.

Ausrüstung: Picknickrucksack und Decke, evtl. auch ein Fernglas.

Übrigens: Zwar längst kein Geheimtipp mehr, aber dennoch unübertroffen einer der besten Logenplätze der Stadt für das große Silvesterfeuerwerk.

HERBST-GEFÜHLE

⊰ ... auf dem Botnanger Kuckucksweg ⊱

#19

Einladend gibt sich der schöne Botnanger Kuckucksweg das gesamte Jahr über: Vogelgezwitscher, Waldluft und wilde Brombeeren. So richtig bunt aber treibt es die Natur, wenn die Laubbäume sich färben. Ziemlich praktisch, denn man kann dann die Herbstdeko quasi im Vorbeigehen einsammeln.

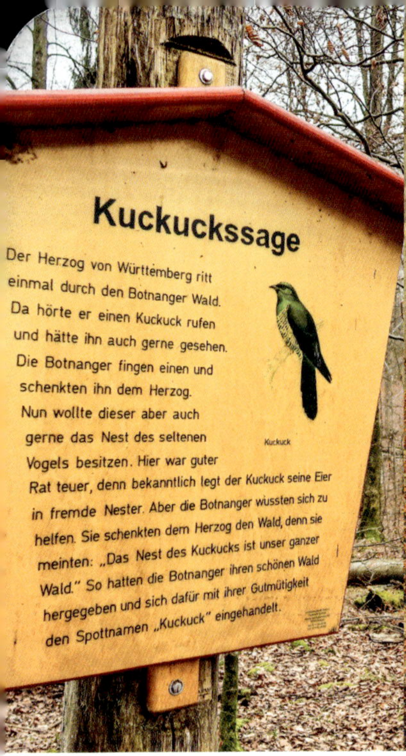

Kuckuckssage
Der Herzog von Württemberg ritt einmal durch den Botnanger Wald. Da hörte er einen Kuckuck rufen und hätte ihn auch gerne gesehen. Die Botnanger fingen einen und schenkten ihn dem Herzog. Nun wollte dieser aber auch gerne das Nest des seltenen Vogels besitzen. Hier war guter Rat teuer, denn bekanntlich legt der Kuckuck seine Eier in fremde Nester. Aber die Botnanger wussten sich zu helfen. Sie schenkten dem Herzog den Wald, denn sie meinten: „Das Nest des Kuckucks ist unser ganzer Wald." So hatten die Botnanger ihren schönen Wald hergegeben und sich dafür mit ihrer Gutmütigkeit den Spottnamen „Kuckuck" eingehandelt.
Kuckuck

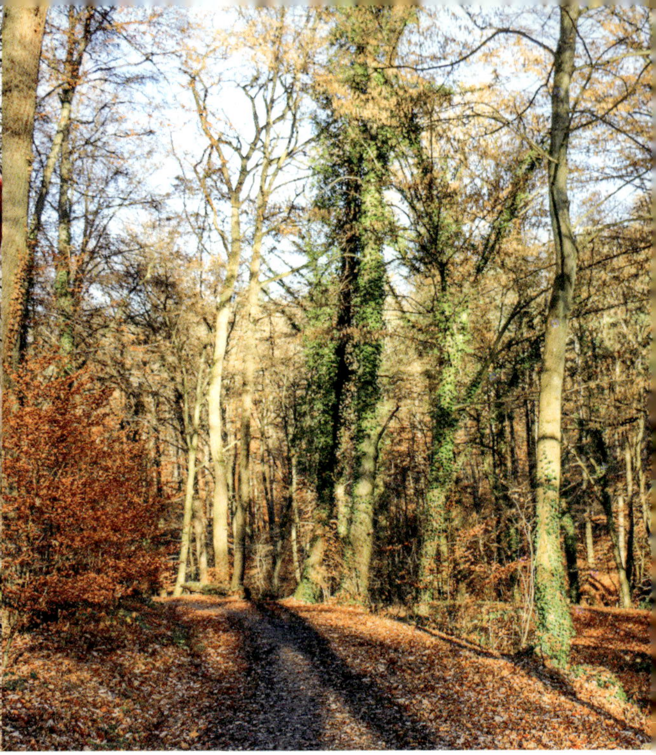

Zweige, Baumrinde, Moos, Zapfen, Bucheckern, Hagebutten, Ilex, Blätter in den schönsten Farbtönen – mit etwas Geschick lassen sich mit diesen Naturmaterialien herrliche Kränze binden oder Windlichter schmücken. *Indian Summer* für Zuhause.

Doch vor der Bastelei geht's raus zum Wandern. Nach dem Start an der Haltstelle Lindpaintnerstraße folgt der Kuckucksweg ein kurzes Stück der Straße, doch spätestens nach dem Schützenhaus fühlt man sich weit weg von der Stadt. Jetzt den Duft von frisch geschnittenem Holz atmen, das Licht der Sonnenstrahlen genießen, die auch das Laub zum Leuchten bringen, flammenorange, feuerrot oder goldgelb, flankiert von immergrünem Efeu, der sich an die Stämme klammert. Der Botnanger Kuckucksweg ist durchgehend markiert mit – logisch – einem Kuckuck. Seinen Namen verdankt er einer Legende, nach der der Herzog von Württemberg, als er durch den Wald ritt, einen Kuckuck rufen hörte und

Lindenbach
Klingenbach
Furtwänglerstraße
Knaupenbach
Metzgerbach
Regerstraße
Am Kräherwald
Bubelesbach
Botnang
U
S/Z
Lindpaintner Str.
Wildparkstraße
Vaihinger Landstraße
Stuttgart West
400 m

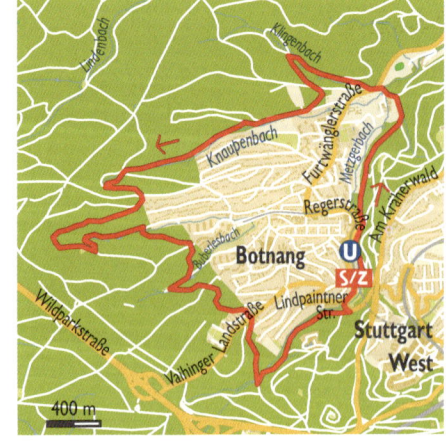

Herbststimmung im Wald und die beste Zeit, sich den Indian Summer ins Haus zu holen. Die Zutaten liegen förmlich auf dem Weg.

samt Nest mitnehmen wollte. Nicht machbar, befanden die Botnanger und schenkten dem Herzog den ganzen Wald. Glück für den Kuckuck, der weiterhin frei fliegen durfte. Vielleicht ist er vorsichtig geworden, denn zu sehen bekommt man ihn selten. Anders als den Eichelhäher, der lautstark auf sich aufmerksam macht. Knapp elf Kilometer lang ist die Rundtour, mit einigem Auf und Ab, ohne aber wirklich anstrengend zu sein. Botnang war einst das Dorf der Wäscher und Bleicher,

dank reichlich vorhandenem Wasser in Bächen, Quellen und Weihern, an denen Sitzbänke zu Pausen einladen. Am Buberlesbach kann man den Kröten beim Schwimmen zusehen oder einfach dem Rauschen der Bäume lauschen. Anschließend geht's weiter ansteigend und in mehreren Kehren vorbei an der Sommerhaldenhütte und nach Überqueren der Vaihinger Landstraße entlang des Metzgerbachs zurück zum Ausgangspunkt.

Hin & Weg: U2 nach Botnang bis Haltestelle Lindpaintnerstraße.

Beste Zeit: Mitte September bis Ende Oktober.

Dauer & Strecke: 2 bis 3 Std., 11 km.

Ausrüstung: Korb oder Stoffbeutel.

FAZIT: EINE ENTSPANNTE WANDERUNG AUF HALBSCHATTIGEN WALDWEGEN AM RAND VON BOTNANG IM STUTTGARTER WESTEN. IDEAL NACH FEIERABEND ODER ALS AUSGEDEHNTER MORGENSPAZIERGANG AM WOCHENENDE.

RODEL-PARTIE

 ... Schneevergnügen in Musberg

 *Hurra, es hat geschneit! Die Landschaft vorm Fenster liegt unter einer dicken, weißen Decke, die Bäume tragen Zipfelmützen. Schnell den Schlitten aus dem Keller geholt und ab nach draußen.*

Am besten zum »Piz Mus«. Klingt so herrlich nach Alpen, liegt nur viel näher. Der alte Skihang am Rand vom Siebenmühlental ist der Rodelberg. Den kennt so ziemlich jeder, der in Stuttgart aufgewachsen ist – und die meisten nennen diesen schön gelegenen Platz immer noch als Favorit für ein paar unbeschwerte Stunden im Schnee.

Von der Ortsmitte in Musberg geht's ein Stück auf dem Siebenmühlental-Wanderweg in weniger als zehn Minuten an den Start. Das heißt, erstmal nach oben. Schon vor Jahren hat der Lift seinen Dienst aufgegeben, doch einen echten Rodler stört das kaum. Die rasante Schussfahrt entschädigt in jeder Hinsicht für x-mal den Hang hinaufstapfen. Jetzt aber: Bahn frei! Rauf und runter, um die Wette, umkippen, im Schnee liegen, lachen, die Zeit

vergessen, ganz wie früher, mit roter Nase und glühenden Wangen – was für ein Spaß!

Hunger? Dagegen hilft ein Stück hausgebackener Kuchen in der Mühle direkt neben dem »Piz Mus«.

Rodeln ist die Urform aller Wintersportarten. Schon seit Jahrtausenden werden Schlitten als Transport- und Fortbewegungsmittel genutzt. Oder eben zum Spaß. Und so geht's richtig: Auf den Rodel setzen, Beine nach vorn und seitlich an die Hörner drücken. Zu langsam? Dann einfach nach hinten legen und ab geht die Post. Vielleicht keine schlechte Idee, vorher mal das Bremsen zu üben: Füße mit der gesamten Sohle fest auf den Boden pressen, bei Bedarf den Schlitten an den Hörnern packen und dann leicht nach oben ziehen. Viel Glück!

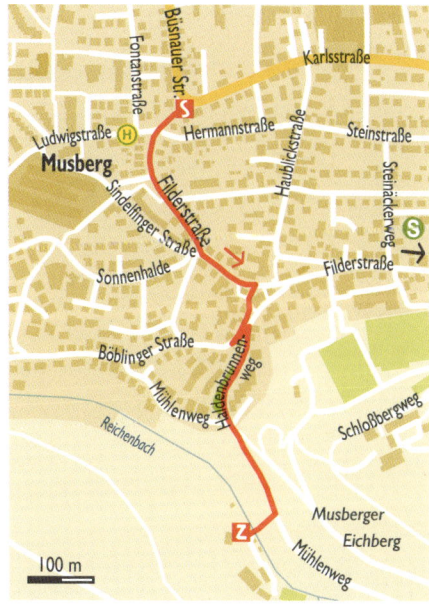

Bahn frei, ich komme!

Hin & Weg: S3 bis Leinfelden, dann mit Bus 86 nach Musberg.

Beste Zeit: Sobald Schnee liegt.

Dauer: 1 bis 2 Std.

Ausrüstung: Schlitten, warme Sachen, Mütze, Schal und Handschuhe.

FAZIT: EINES DER ÄLTESTEN WINTERVER-GNÜGEN ÜBERHAUPT UND KOSTENLOS OBENDREIN. DAZU ROTE BÄCKCHEN UND EIN HEIDENSPASS – FÜR EINE RODELPAR-TIE IST MAN NIE ZU ALT.

2. KAPITEL
AUSFLÜGE

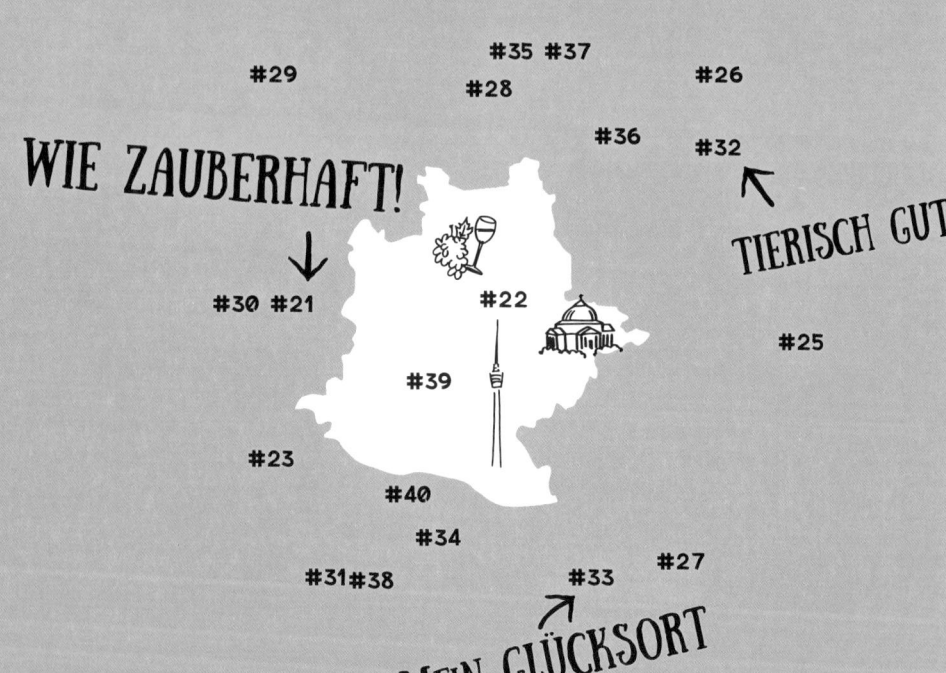

#24

#35 #37
#29 #28 #26

#36 #32

WIE ZAUBERHAFT!
↓

TIERISCH GUT

#30 #21 #22

#25

#39

#23

#40

#34

#31 #38 #33 #27

MEIN GLÜCKSORT

Raus für einen Tag

Hinaus ins Grüne, hinein in die schönsten Ecken der Gegend. Ob Wandern, Radeln, Paddeln, Baden oder einfach die Natur genießen - für jede Laune und jedes Wetter ist etwas dabei.

12 H

BLÜTEN-RAUSCH IN ZARTROSA

> ... im Schlossgarten von Leonberg <

#21

Hanami auf Schwäbisch: Echtes Japan-feeling gibt's in Leonberg. Wenn die Kirschen blühen, verwandelt sich der Schlossgarten in eine Welt aus Millionen rosaroter Wölkchen.

Hanami – Blüten beobachten. Japaner feiern das zauberhafte Naturschauspiel sogar als eigene Jahreszeit, ziehen mit Decken, Bento-Box und Kamera bewaffnet in die Parks und machen es sich unter den Bäumen bequem. So weit braucht man gar nicht zu fahren. Ein Mini-Hanami ermöglichen die japanischen Kirschbäume im Leonberger Schlossgarten. Genau, der mit den Pomeranzen. Die schlummern im März/April allerdings noch, wenn die Sakura, die Kirschblüte, ihre große Show abzieht. Und die kann sich sehen lassen: Zuerst wachsen die Knospen zu rosafarbenen Blütentropfen heran, die alle Zeit der Welt zu haben scheinen, dicker und dicker werden. Bis es kein Halten mehr gibt. Explosionsartig erblühen die Kirschen zu filigraner Pracht, Tausende Pastellwölkchen, die in den Bäu-

men schweben. Das rosa Wunder dauert leider nur wenige Tage – im Moment vollkommener Schönheit fällt die Blüte. Wie verschneit wirken die Wege entlang der Allee, übersät von zarten Blättern, die hier am Boden liegen. Hach, romantischer geht's wirklich kaum. Und anders als im fernen Nippon ist es hier glücklicherweise kaum überlaufen. Früchte tragen die japanischen Kirschbäume übrigens keine, sie sind einfach nur schön anzusehen.

Kirschblüte verpasst? Kein Problem, die Pomeranzen blühen zwar nicht so üppig, duften tun sie aber umso mehr. Angelegt wurde der Renaissancegarten im 17. Jahrhundert nach italienischem Vorbild für Herzogin Sibylla von Württemberg, die als Witwe im Schloss wohnte. Vier Ecktürmchen, Schmuckbrunnen und

Für Fotofans, Naturliebhaber und Romantiker: Blütenrausch im Pomeranzengarten.

symmetrisch angeordnete Beete mit seltenen Blumen, Kräutern und Heilpflanzen – es duftet und blüht, dass es eine Freude ist. Hin kommt man ganz fix – am Leonberger Bahnhof nach links laufen bis zur Rutesheimer Straße und dann die Treppe hoch zum Schlossgarten.

Hin & Weg: S6 bis Leonberg.

Beste Zeit: Für die Kirschblüte Ende März, Anfang April; ansonsten den ganzen Sommer.

Dauer: Ein halber Tag sollte schon Zeit sein.

Ausrüstung: Kamera auf keinen Fall vergessen!

FAZIT: MUßESTUNDEN FÜR GARTENFANS, BLÜTENFANATIKER UND FOTOJÄGER. INKLUSIVE KIRSCHBLÜTEN-AQUARELL FÜR ZU HAUSE. KANN ZUR NOT AUCH DAS KREATIVPROGRAMM DER KAMERA.

FLUSS-KREUZ-FAHRT

⇒ ... Leinen los in Stuttgart-Bad Cannstatt ⇐

#22

Auf zu neuen Ufern: Statt als Fußgänger oder Radfahrer sieht man die malerische Landschaft am Neckar von Bord eines Neckarschiffes aus mit ganz anderen Augen – und völlig entspannt.

Füße hoch und die Aussicht genießen: In den Zugwiesen bei Ludwigsburg kann man mit etwas Glück seltene Vögel sehen. Viel Grün auf jeden Fall.

Einen ganzen Tag lang faulenzen, ohne schlechtes Gewissen? Klar, warum nicht, kann man ja anders nennen. Müßiggang, was für ein herrlich altmodisches Wort, klingt doch gleich viel hipper. Also, runter vom Sofa und ab zum Hafen gegenüber der Wilhelma.

Auf dem Heck des Schiffes findet sich schnell ein sonniges Plätzchen, Getränke und Snacks verkauft die Crew an Bord. Viel mehr braucht es auch nicht zum Relaxen. Mit sanftem Schaukeln zieht der Dampfer seine Bahn flussaufwärts: Max-Eyth-See, durch die Aubrücke, die Reben in der Weinlage Cannstatter Zuckerle ziehen langsam vorüber, am Remsecker Strand haben die ersten Sonnenanbeter ihre Plätze eingenommen. Neckargröningen, Ludwigsburg, Marbach sind die nächsten Stationen, ab Hessigheim geht's

kurz nach drei Uhr am Nachmittag wieder retour. Dazwischen kann man lesen, gucken oder sich einfach nett unterhalten.

Ein wahres Naturparadies versteckt sich bei Ludwigsburg in den Enzwiesen, aber das ist ein Ausflug für sich (Eskapade #4). Seltene Wasservögel und Pflanzen haben hier eine Heimat gefunden.

Geschmeidig lenkt der Käpt'n das Schiff durch die Schleuse, legt an und ab, um Kurzstreckenpassagiere einzusammeln, und erzählt en passant Wissenswertes zur Route. Die Fakten sind schnell abgehandelt: Der Neckar entspringt im Naturschutzgebiet Schwenninger Moos, ist 367 Kilometer lang, schiffbar ab Plochingen und mündet bei Mannheim schließlich in den Rhein.

Hin & Weg: U14 bis zur Wilhelma oder S2 bis Bad Cannstatt.

Beste Zeit: Mai bis Oktober, Fahrzeiten unter www.neckar-kaeptn.de/start/linienfahrten

Dauer: Tagestour.

Ausrüstung: Ein gutes Buch, evtl. Sonnenschutz.

IM STREUOBST-PARADIES

—ξ ... Wanderung bei Dätzingen ξ—

#23

Sträucher, Hecken und Bäume malen Muster in die Landschaft, explodieren im Frühjahr geradezu mit ihrem Blütenfeuerwerk und sind im Sommer mit Äpfeln, Birnen, Pflaumen und Kirschen schwer beladen. Klingt paradiesisch. Ist es auch am Venusberg.

#Venusberg #Streuobstparadies #Picknick #Berg #Kunstgenuss

Schloss Dätzingen.

Die Alte Steige, gleich hinterm Dätzinger Schloss, macht ihrem Namen alle Ehre, belohnt aber auch mit einer grandiosen Aussicht auf den malerischen Ort mit seinen Fachwerkhäuschen. An der nächsten Gabelung links halten und auf dem Wiesenweg immer weiter nach oben laufen. Im Frühling tupfen Schlüsselblumen und Löwenzahn bunte Punkte in den saftig grünen Grashang. Unter den drei alten Buchen kommt man schnell wieder zu Atem, wie gut, dass die Bank den Vorwand liefert, die schöne Landschaft ein bisschen zu

geradeaus Richtung Aidlingen, den Soundtrack dieser Wanderung im Ohr: ein vielstimmiges Vogelkonzert. Bald ist der höchste Punkt erreicht: der Venusberg. Das ist gleich doppelt geflunkert, weil er a) gar keinen richtigen Gipfel hat und b) mit 537 Metern wohl eher als Hügel durchgeht. Punkten kann der Möchtegern-Berg stattdessen mit etwas ganz Besonderem: Auf der riesigen Wacholderheide, die unter Naturschutz steht, wachsen Silberdisteln, Küchenschelle, Karthäusernelken und Orchideen. Rund vierzig Vogelarten sind am Venusberg heimisch geworden.

Nach dem Bauernhof mit den Charolais-Rindern verläuft der Weg ein kurzes Stück auf der Straße, dann nach rechts durch Streuobstwiesen und nach einer 90-Grad-Linkskurve wieder auf der Straße nach Lehenweiler. Rechts eröffnet sich nun ein herrlicher Blick ins Würmtal. Die typische Wacholderheide bleibt dank ganz natürlicher Landschaftspfleger erhalten: Schafe.

In Lehenweiler laufen wir auf der Hauptstraße an der Alten Schule vorbei und am Beginn der Neuen Straße geradeaus bergauf. Die nächste rechts, dann 200 Meter weiter links einbiegen und auf dem Lehenweiler Weg bergab durch den Wald Richtung Dätzingen. Leider fehlt auf dieser Strecke die Markierung, wirklich verlaufen kann man sich aber nicht. Nach dem Sportplatz über die Wiese, und schon bald kommt wieder das Schloss in Sicht. Besichtigen? Ja, außer montags, und während der Ferien im August lohnt sich der freie Eintritt in die Galerieräume für Kunstinteressierte.

genießen. Dabei kommt es bald noch besser. Immer der gelben Raute nach, an einem alten Gehöft vorbei – direkt in die Bilderbuchlandschaft hineinspaziert: weiße Hecken, dunkelgrüne Kiefern, blauer Himmel, gelb gesprenkelte Wiesen, rosa Apfelblüten. Ein einziges »Hach!« Natur pur!

Heckengäu heißt diese bezaubernde Gegend, ein rund fünfzig Kilometer langes Band westlich von Stuttgart. Hinter einer Kuppe taucht ein kleines Fachwerkhäuschen auf mit Tisch und Bänken davor. Wenn das kein perfekter Platz ist für ein Vesper! Zwar ist noch nicht die Hälfte der Strecke geschafft, aber egal, mit leichtem Rucksack wandert es sich ohnehin besser. Weiter geht's an der Kreuzung halblinks auf der Forststraße, über eine kleine Brücke und leicht bergan durch den Wald. Immer

Hin & Weg: S6 bis Weil der Stadt und Bus 670 bis Dätzingen oder mit dem Auto via A81 bis Sindelfingen, B464 über Grafenau und beim Schloss Dätzingen parken.

Beste Zeit: Frühjahr bis Herbst.

Dauer & Strecke: 3 bis 4 Std. Gehzeit., 10 km.

Ausrüstung: Vesperrucksack.

DURCH DIE REBEN RADELN

>‚ ... entspannte Tour am Heuchelberg ‚<

#24

Fantastischer Fernblick auf Reben und Wälder. Erfrischende Rast am See und urige Einkehrstopps. Die Heuchelberg-Runde ist eine echte Genusstour.

Genussvolle Pausen wie hier auf der Heuchelberger Warte locken auf dieser Tagestour durchs Heilbronner Land.

Für Fahrradmuffel gibt's in Lauffen die Möglichkeit, ein E-Bike zu mieten, sie nehmen einfach vom Hauptbahnhof Stuttgart die Regionalbahn nach Heilbronn. Alle anderen auch, aber die steigen erst in Nordheim aus. Ortsauswärts (Bahnhof- und Hauptstraße) tauchen auf der rechten Seite bald die ersten Reben auf, durch die der Radweg KR 1 auf seiner Runde um den Heuchelberg führt. Bereit für die erste Challenge? Dann nix wie rauf zur Heuchelberger Warte. E-Biker lachen sich schon jetzt ins Fäustchen, denn der Anstieg ist doch ein wenig schweißtreibend. Aber nicht lange, denn schon bald lockt im Hüttenlokal neben dem Turm die erste Erfrischung – und ein fantastischer Weitblick über die Weinberge im Heilbronner Land.

Weinliebhaber bekommen leuchtende Augen, wenn sie den Namen Heuchelberg bloß hören, denn im geschützten Mikroklima des markanten Höhenzuges wachsen absolute Top-Weine. Den rassigen Riesling schenkt der Wirt der Heuchelberger Warte selbstverständlich aus, und der Lumpensalat (Wurstsalat) auf der Speisekarte klingt auch überaus verführerisch (www.heuchelberg.com). Wer sagt, dass man sich nicht schon am Anfang einer Tour stärken darf?

Wer noch höher hinaus will, steigt auf den Aussichtsturm. Heute nimmt man die Treppe, der Turmwärter musste einst mit Hilfe einer Leiter zu seinem Arbeitsplatz klettern, um das Unterland im Auge zu behalten.

Weiter führt die Heuchelberg-Runde anschließend auf dem Radweg Deutsche Fachwerkstraße durch die sanfte Hügellandschaft des Kraichgaus bis Eppingen. Das mittelalterliche Fachwerkstädtchen punktet mit reich verzierten Fassaden und Schnitzereien an den Häusern. Über allem ragt der Pfeifferturm in die Höhe, das älteste Gebäude der Stadt. Hochsteigen? Lohnt sich allein wegen der kuriosen Bauweise: Im Erdgeschoss messen die Außenmauern 1,85 Meter und in der sechsten Etage nur noch 60 Zentimeter. Und von der Aussichtsplattform hat man einen schönen Blick über die Dächer. Damit die Waden auch weiterhin munter ihren Dienst verrichten, liefert ein Espresso in der Kaffeefaktur (www.kaffeefaktur.com) nebenan den nötigen Energieschub für den Rückweg. Denn bevor die Tour gemütlich zum Stausee Ehmetsklinge und dann entlang der Zaber verläuft bis Brackenheim, wartet noch ein knackiger Anstieg (wer abkürzen will, fährt direkt nach Brackenheim). In Brackenheim lohnt es sich, die »offizielle« Route zu verlassen und via Neipperg einen kleinen Schlenker übers Hörnle zu machen.

Die Waldschenke (www.waldschenke-hoernle.de) ist ein heißer Tipp für gute regionale Küche zu zivilen Preisen. Die grandiose Aussicht in die Weinberge gibt's gratis. Jetzt aber, das Vesper ist mehr als verdient.

Beim »Abstieg« vom Hörnle durch eine Wildwuchs-Gasse (Achtung: Abzweig nicht verpassen) das Rad am besten schieben, denn da geht's ziemlich steil runter. Geschafft, auf schnurgeraden Asphaltwegen im Zickzack durch die Weinberge zurück nach Nordheim beziehungsweise nach Lauffen, wo die E-Bikes zurückgegeben werden können.

FAZIT: TROTZ EIN, ZWEI KURZER »BERGETAPPEN« EINE ENTSPANNTE TAGESTOUR DURCH DIE WEINBERGE MIT TOLLEM PANORAMA. AUCH MIT DURCHSCHNITTLICHER KONDITION ZU MACHEN.

Hin & Weg: Regionalbahn Richtung Heilbronn bis Nordheim bzw. Lauffen oder mit dem Auto auf der A81/B27.

Beste Zeit: Frühjahr bis Herbst.

Dauer & Strecke: Tagesausflug, 60 km.

Ausrüstung: Räder (evtl. E-Bikes mieten).

GIPFEL-DREIER FÜR FAULE

⪫ ... zwischen Göppingen und Schwäbisch Gmünd ⪪

#25

Hohenstaufen, Rechberg und Stuifen ... die Silhouette der »Drei Kaiserberge« zwischen Göppingen und Schwäbisch Gmünd ist ein Hingucker. Noch besser: raufwandern! Und zwar auf alle drei – an einem Tag.

#Kaiserberge #Rechberg #Stuifen #Albmarathon #Gipfelstürmer

Manchmal sieht man den Gipfel vor lauter Bäumen nicht.

Man könnte den Hohenstaufen ganz normal in Angriff nehmen, von A nach B laufen oder die Distanz in sechs Stunden von Göppingen aus über den Aasrücken hinter sich bringen. Aber warum nicht mal ein bisschen verrückter: alle drei Kaiserberge an einem Tag.

Erster Akt: Hohenstaufen. Vom Parkplatz in der Schottengasse am Fuß des Bergs in Göppingen-Hohenstaufen führt die ausgeschil-derte Alternativroute D in 20 Minuten durch schattigen Mischwald in leichten Serpentinen zum Gipfel, der eher ein Plateau ist. Infotafeln erzählen über die Staufer, von den Mauern der einst stolzen Burg sind nur noch Reste zu sehen, der Blick reicht weit über die Alb.

Schon hungrig? Bei »Himmel und Erde« (www. berg-hohenstaufen.de) kann man von don-nerstags bis sonntags oder in den Schulferien

täglich ein herzhaftes Bergbrettle mit Käse und Wurst genießen. An allen anderen Tagen laden bequeme Liegen unter alten Bäumen zur Rast. Die beiden nächsten Berge bereits im Visier, kommt man auf dem breiten Wirtschaftsweg im kleinen Bogen zurück zum Parkplatz. Kurzer Transfer mit dem Auto (ein bisschen schummeln ist heute ausdrücklich erlaubt!) und zehn Minuten später steht man am Start zum Gipfelsturm auf den Hohenrechberg.

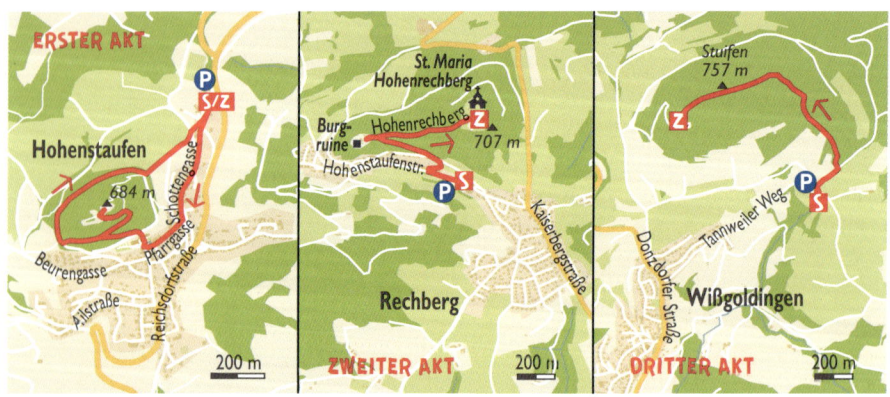

(von links nach rechts) Aussichtstafel auf dem Hohenstaufen, Burgruine Hohenrechberg und Wiesenweg mit Orchideen am Stuifen.

Zweiter Akt: Rechberg. Von der Hohenstaufenstraße in Schwäbisch-Gmünd, gegenüber dem Pfarramt, führt ein steiles Asphaltsträßchen hinauf. Kurz durchschnaufen zur Halbzeit nach 15 Minuten bei der Burg. Besichtigen? Ja, von März bis November (www.burgruine-hohenrechberg.de). Auf dem Rechberg locken, neben dem 360-Grad-Panorama bis zu den Alpen, kühle Getränke in der Schenke an der Wallfahrtskirche, zum Gipfelkreuz sind es noch 50 Meter. Zurück geht's auf demselben Weg.

Dritter Akt: Stuifen. Parken an der Linde am Tannweiler Weg in Wißgoldingen, dem roten Kreuz folgen und etwa 45 Minuten straff bergauf wandern, zunächst über blühende Wiesen voller Orchideen, Margeriten und Glockenblumen, dann durch lichten Mischwald bis zum Gipfel. Der sich mangels freier Sicht nur nicht

so anfühlt, dafür aber das schönste Gipfelkreuz vorweisen kann. Mit 757 Metern ist er der höchste der drei Kaiserberge. Auf dem steinigen Pfad kommt man wieder nach unten, begleitet von einem herrlichen Grillenkonzert.

FAZIT: EIN BISSCHEN WANDERN, EIN PAAR KURZE, STEILE ANSTIEGE MEISTERN UND ANSONSTEN DAS BESTE GENIESSEN: DIE AUSSICHT! EINE ROSINENPICKEREI-TOUR.

Hin & Weg: B10 via Göppingen.

Beste Zeit: Frühjahr bis Herbst.

Dauer & Strecke: 5 bis 6 Stunden, je ca. 4 km.

Ausrüstung: Kamera, evtl. Vesperrucksack.

WILD-WASSER

$\succ$ ... bei Murrhardt in die Schlucht $\prec$

#26

Vergessen Sie die Niagara-Fälle! Kleiner ist manchmal feiner. In der wilden Hörschbachschlucht im Rems-Murr-Kreis stürzt das Wasser gleich zweimal ins Tal.

Auf felsigen Pfaden durch die wilde Schlucht im Hörschbachtal. Bei schlechtem Wetter gibt es einen Alternativweg.

Am Bahnhof in Murrhardt beginnt der Rundwanderweg Nr. 1 zunächst ganz gemächlich, passiert das Naturparkzentrum Schwäbischer Wald (das größte Waldgebiet in Württemberg übrigens), die Walterichskirche und führt dann direkt in die beeindruckende Hörschbachschlucht.

Der Hörschbach fließt auf einer Länge von sechs Kilometern durch das Tal, bis er schließlich in die Murr mündet. Schmal, feucht, kühl und immer wilder zeigt sich die Schlucht. Das Tal ist übersät mit Steinen und Stämmen, die irgendwann einmal den Hang hinuntergerutscht sind. Hier hat zweifellos die Natur das Sagen. Vor unvorstellbar langer Zeit verlandete das Meer, dessen Ablagerungen mal rötlich, mal dunkelgrau oder grünlich schimmern – Zeugen des wechselnden Klimas, die die Landschaft märchenhaft erscheinen lassen.

Schon der Vordere Wasserfall beeindruckt mit seinem Fünf-Meter-Fall über eine breite Steinkante, die Engelhofer Platte. Aber das ist erst der Auftakt.

Zum Hinteren Wasserfall gelangt man auf zweierlei Weise: abenteuerlich in etwa anderthalb Stunden auf dem felsigen, teils steilen Naturpfad durch die Schlucht oder bequem oberhalb auf dem breiten westlichen Hangweg. Beide Wege treffen sich am Hinteren Wasserfall, der erst drei Meter senkrecht in die Tiefe stürzt und anschließend weitere zwölf Meter über mehrere Kaskaden Richtung Murrhardt.

Richtig beeindruckend ist das Naturschauspiel nach starkem Regen, in trockenen Zeiten kann man sich für's Erinnerungsfoto auch anders behelfen: Oberhalb des Wasserfalls befindet sich ein Staubecken, öffnet man die

Klappe, rauscht das Wasser auch bei Trockenheit kurz mal ins Tal.

Zurück kommt man über die Hörschdorfer Sägemühle, am Hoblersberg vorbei und durch die Franzenklinge am Bach entlang wieder nach Murrhardt. Am besten einen kleinen Vesperrucksack mitnehmen, denn Einkehrmöglichkeiten gibt es keine an der Strecke. Oder später in Murrhardt in eines der Cafés einkehren.

Hin & Weg: Mit dem Auto B14 via Backnang oder Regional-Express nach Schwäbisch Hall-Hessental.

Beste Zeit: Ganzjährig.

Dauer & Strecke: 4,5 bis 5 Std. Gehzeit.

Ausrüstung: Wasser- und rutschfeste Schuhe.

FAZIT: WILD, VERWUNSCHEN UND AUCH IM WINTER ALS MINI-TOUR EIN ERLEBNIS, WENN DAS WASSER ZU EIS ERSTARRT.

IM DUNKELN TAPPEN

 ... in der Todtsburger Höhle

#27

Glasklares Wasser, Tropfsteinkaskaden und Wände, die milchweiß bis schwarzblau schimmern. Im Winter leben die Fledermäuse in der Todtsburger Höhle, im Sommer darf jeder die Unterwelt auf eigene Faust erforschen.

Hat man die etwas versteckt im Wald gelegene Todtsburger Höhle erst mal gefunden, steht dem Abenteuer nichts mehr im Weg.

Keine zwei Meter vom Eingang entfernt ist es schon zappenduster. Ohne Taschen- oder besser noch Stirnlampe wäre die Exkursion zu Ende, bevor sie richtig angefangen hätte. Und der Eingang sieht auch alles andere als einladend aus: halb unter der Erde, unter einem überhängenden Fels versteckt, zu dem man einen steilen Hang hinunterkraxeln muss. Aber dieser Ausflug geht ja auch nicht nach Disneyland, sondern in eine echte Tropfsteinhöhle am Rand der Schwäbischen Alb, etwa 8300 Jahre alt. Seit 1895 öffentlich zugänglich, wurden die Höhle im vorderen Teil vergrößert und Wege angelegt – und damit leider ihres Tropfsteinschmucks beraubt.

Vom Parkplatz aus führt ein Pfad in den Wald hinein und vor einer Felsgruppe etwas unscheinbar, aber abenteuerlich bergab. Spezi-elle Ausrüstung? Braucht man nicht, rutschfeste Schuhe und Spaß daran, wo nötig, auf allen vieren zu krabbeln, reichen völlig aus. Bis zur mächtigen Tropfsteinkaskade am Ende der Höhle muss man sich allerdings noch gedulden. In der ersten Halle, der Vorhöhle, kann man fast aufrecht gehen. Die feuchte, kühle Luft fühlt sich eigenartig schwül an, das Wasser scheint zu kondensieren auf der warmen Haut, die Kamera beschlägt und quittiert ihren Dienst. Bald verengen sich die Wände und zur zweiten Halle kommt man nur im Kriechgang voran. Einer Legende zufolge haben hier Nymphen gebadet.

Noch Mut? Der dritte und schönste Raum wartet: bizarre Tropfsteinsäulen und Sinterbecken, randvoll mit kristallklarem Wasser, manche fast einen Meter tief. Ganze 110 Meter

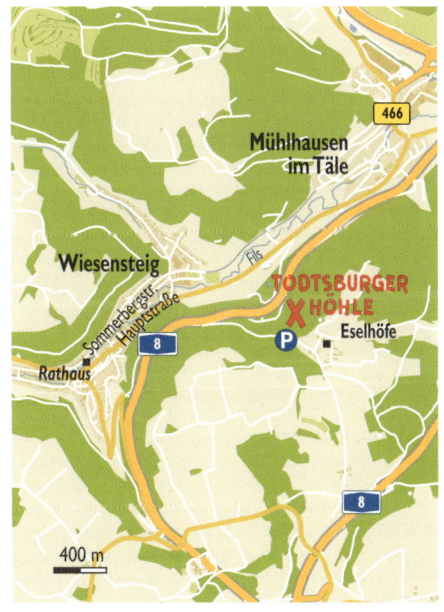

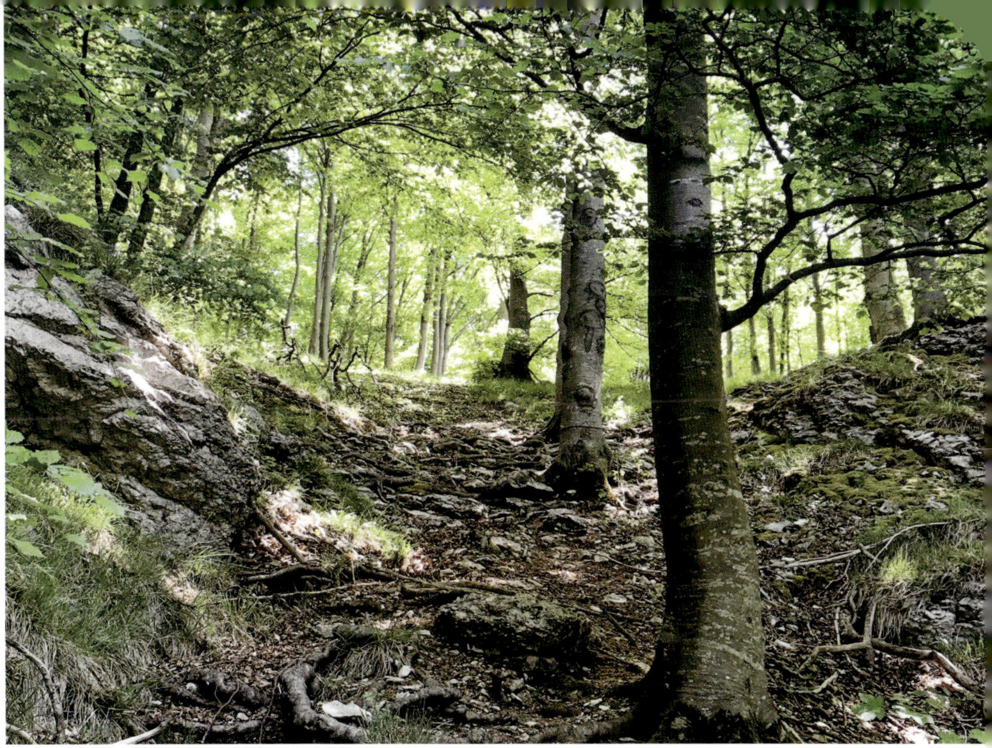

misst die Todtsburger Höhle, an deren Ende noch eine weitere Tropfsteinkaskade wartet.

FAZIT: CAVEMAN AUF ZEIT – EIN ABENTEUERLICHER AUSFLUG IN DIE UNTERWELT. UNTERIRDISCHE BEGEGNUNGEN JEDER ART NICHT AUSGESCHLOSSEN.

Hin & Weg: A8 Richtung Ulm bis Ausfahrt Mühlhausen, Parken kann man am Waldparkplatz vor den Eselhöfen (Eselsteige).

Beste Zeit: April bis September; Schlüssel gibt's im Hotel Höhenblick, Obere Sommerbergstraße 10 (www.hotel-hoehenblick.de), oder im Rathaus.

Dauer: Je nach Forscherdrang mehrere Stunden.

Ausrüstung: Rutschfeste Schuhe und eine Stirn- oder Taschenlampe.

EINFACH MAL TREIBEN LASSEN

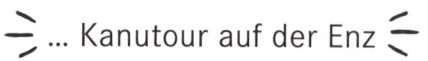 ... Kanutour auf der Enz

#28

Sehr, sehr grün, üppig bewachsen, fast schon dschungelartig zeigt sich die Natur am traumhaften Enzufer zwischen Besigheim und Vaihingen – und am schönsten wirkt diese Wildnis vom Kanu aus.

#wasserfest #allesimFluss #Dschungelfeeling #treibenlassen

Vogelkonzert statt Verkehrslärm: Eintauchen in die Stille bei einer Kanutour auf der Enz

Das Einfachste: Samt Rad in die S-Bahn steigen und vom Bahnhof Bietigheim-Bissingen zur Einsatzstelle der Kanus an der Sägemühle rollen; Auto- und Busfahrer müssten die letzten zwei Kilometer durch das autofreie Naturschutzgebiet laufen. Was zumindest ab dem Schellenhof schon zu den ersten »Wow, ist das herrlich!«-Ausrufen verleitet. Ein schmaler Waldpfad schlängelt sich durch einen grünen Tunnel hinunter zum Fluss. Rechts halten und nach ein paar hundert Metern in der mit

Wildkräutern bewachsenen Aue taucht bereits der Anleger auf. Die Formalitäten sind schnell erledigt, kurze Einweisung, damit keiner kentert, schon gleitet das Boot fast lautlos flussaufwärts. Gegen die leichte Strömung paddeln auch Anfänger problemlos an. Am besten immer schön in der Mitte, dann kommt man auch den Anglern nicht in die Quere. Wer eine Pause braucht, kann im Kehrwasser am Ufer kurz verschnaufen. Aussteigen? Ist leider nicht erlaubt, um die seltenen Tiere nicht zu

Entspannt paddeln und Nilgänse beobachten.

stören, die in den Gehölzen leben. Kaum zu glauben, wer sich da so angesiedelt hat: Nachtigall, Pirol, Bach- und Gebirgsstelzen, Stockenten, Graureiher, Nilgänse, selbst Schildkröten. Schillernde Libellen schwirren über dem Wasser, Eisvögel brüten am Ufer und jagen kleine Fische in der Enz, oben kreisen Milane. Graugänse rasten auch immer wieder auf ihrer Reise in den Süden. Nach knapp drei Kilometern ist es an der Zeit für den Rückweg, die Arme werden schwer, die Strömung zu stark. Also schön langsam wenden – und einfach treiben lassen und genießen. Dicht an dicht stehen die Weiden, deren Zweige ins Wasser tauchen, riesige Wurzeln spiegeln sich im Wasser. Fast könnte man meinen, durch Mangroven zu paddeln, so verschlungen krallen sich die Pflanzen ans Ufer. Im Sommer mischt sich das sonnige Gelb der Lilien unter die unzähligen Grünschattierungen. Und die

Ruhe ... einfach himmlisch, der Sound der Stadt dringt hierher nicht durch. Stattdessen Vogelkonzert und Gänsegeschnatter. Viel zu schnell geht die Tour zu Ende, die zwei Stunden sind verflogen. Aber eine Weile kann man auch so noch in dieser Idylle bleiben – und sich im Waldhäusle (www.enzeckstüble.de) einen Enzburger schmecken lassen, allerdings

---

Hin & Weg: S5 bis Bietigheim-Bissingen, dann weiter mit dem Bus bis Kelterstraße bzw. mit dem Fahrrad bis Sägemühlenweg.

Beste Zeit: Ganzjährig machbar, am schönsten aber von Mai bis Oktober.

Dauer: 2 Std.

Ausrüstung: Ein Boot für die »Hausrunde« kann man spontan leihen (www.diezugvoegel.de, sicherheitshalber vorher kurz anrufen unter 07143 8 99 85 16), Fernglas, bei kühlem Wetter evtl. Wechselklamotten.

nur sonn- und feiertags, an allen anderen Tagen lockt die Terrasse des Schellenhofs zur Rast. Von hier sind es nur 500 Meter bis zum Enztal-Radweg. An der Sägemühle kann man sich noch ein Rad leihen und eine Runde am Ufer der Enz drehen.

FAZIT: LEICHTE KANUTOUR AUF DER ENZ MIT HOHEM GENUSSFAKTOR. PERFEKT ALS MINI-EXPEDITION AUS DEM ALLTAG FÜR ALLE, DIE LIEBER GRÜN ALS ROT SEHEN.

DER FRÜHE VOGEL TAUCHT ALLEIN AB

≥ ... im Naturfreibad in Maulbronn ≤

#29

Am Morgen, wenn sich die Bäume im glatten Wasser des Tiefen Sees spiegeln, ins frische Nass springen und in Ruhe seine Bahnen ziehen. Ganz allein im Freibad sein. Kann man im ehemaligen Fischteich vom Kloster Maulbronn – mit dem Frühbaderschlüssel.

Für Langschläfer ist das freilich nix, die kommen eben einfach später ins Naturfreibad, wenn das Tor für alle offen steht. Wer jedoch früh genug aus den Federn kommt, holt sich gegen Gebühr und Pfand den Frühschwimmerschlüssel und darf schon vor den ganzen Bootsfahrern, Surfbrettkapitänen und Schwimmern ins Wasser.

Halleluja, ist das kalt! Kommt ja auch direkt aus der Salzach, die in der Nähe von Maulbronn entspringt. Aber schon nach ein paar kräftigen Schwimmzügen fühlt man sich herrlich erfrischt. Früher nutzten die Mönche aus dem Kloster nebenan den Tiefen See als Wasserreservoir und zur Fischzucht, bis er vor mehr als hundert Jahren als öffentlicher Badesee freigegeben wurde. Um zehn Uhr beginnt der offizielle Badetrubel, doch das ist kein Grund zum Flüchten. Im Gegenteil: Plaudern,

planschen, in der Sonne faulenzen, Tischtennis spielen, eine Runde über den See rudern – der Tag lässt sich hier ziemlich entspannt verleben. Auf der Sonnenterrasse kann man eine Kleinigkeit essen mit Blick aufs Wasser. Fast wie in den Ferien. Nur der Hund muss leider draußen bleiben.

Maulbronn gilt als die am besten erhaltene mittelalterliche Klosteranlage nördlich der Alpen. Sehenswert sind vor allem die verschiedenen Baustile von der Romanik bis zur Spätgotik. Seit 1993 ist das Kloster Maulbronn UNESCO-Weltkulturerbe. Mein Tipp für Genießer: Im Hexenlädchen am Eingangstor findet man feine Kräutermischungen und andere Leckereien zum Naschen.

Wer nach dem Schwimmen noch ein bisschen wandern möchte: Um den See führen mehrere

Mit dem Frühbaderschlüssel hat man den Maulbronner See am Morgen ganz für sich allein.

Rundwanderwege wie der Mönchsweg, Zisterzienserweg oder Klosterseenweg, unter anderem vorbei an den alten Weingärten des Klosters, dem Eilfingerberg. Vor 850 Jahren pflanzten die Mönche hier die ersten Reben. In dieser Einzellage wachsen heute die Weine des Weingutes Herzog von Württemberg. Verkosten? Im Hotel Klosterpost! Mehr Infos zum Kloster gibt's auf der Website www.maulbronn.de.

FAZIT: RUHIG, QUELLFRISCH, GRÜN – DA WERDEN SELBST MORGENMUFFEL SCHLAGARTIG WACH.

Hin & Weg: B10 mit dem Auto (Parken am See) oder Regional-Express Richtung Karlsruhe bis Enzberg, dann Regionalbahn bis Maulbronn.

Beste Zeit: Mitte Mai bis Ende der Sommerferien, 10 bis 19 Uhr bei schönem Wetter, mit Schlüssel schon früher (www.maulbronn.de).

Dauer: 1 bis 2 Std. oder den ganzen Tag.

Ausrüstung: Badeklamotten, Picknickkorb, Decke, ein gutes Buch.

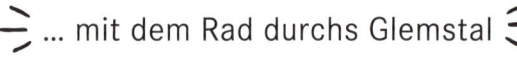

MÜHLEN-SAFARI

⇒ ... mit dem Rad durchs Glemstal ⇐

#30

Am Leonberger Dreieck, normalerweise bekannt für Dauerstau auf der A8, versteckt sich unvermutet ein Naturidyll: Der Glemsmühlenradweg schlenkert auf 40 Kilometern durch das verwunschene Tal, streift hübsche Fachwerk-Örtchen und überrascht mit herrlichen Plätzchen.

#grüneOase #Feuersalamander #Drahtesel #19Mühlen #Strohgäu

Von Mühle zu Mühle radeln an der Glems. Bei Markgröningen kommen dann auch die steilen Weinterrassen in Sicht.

Genau genommen beginnt der Glemsmühlenradweg am Autobahndreieck Leonberg an der Lahrensmühle, wer mit der S-Bahn kommt, startet aber besser am Bahnhof Leonberg. Zwei, drei Mal in die Pedale getreten, schon wartet die Clausenmühle unterhalb des Leonberger Schlosses, in dem heute die Finanzbeamten der Stadt thronen. Sehenswerter erscheint da der Pomeranzengarten am Schloss, vor allem wenn die japanischen Kirschbäume blühen, aber das ist einen eigenen Ausflug wert (Eskapade #21).

Blick vom Glemsbalkon in Ditzingen.

dingen lockt dann bald die Burgruine Nippenburg mit weitem Blick, was allerdings einen knackigen extra Anstieg bedeuten würde. Die Glems schlängelt sich indes weiter durch ihr idyllisches Tal. Schattige Wege, saftiges Grün in allen Schattierungen, Vögel zwitschern mit dem plätschernden Wasser um die Wette.

Bei Markgröningen tauchen die ersten Reben auf, Trockenmauern stützen die Terrassen, nicht wenige Parzellen sind aufgegeben, zu mühsam ist die Arbeit in den steilen Hängen. Jetzt wäre eine gute Zeit, sich zu stärken, denn im letzten Abschnitt kommt es knüppeldick, jedenfalls gemessen am bisherigen Schwierigkeitsgrad der Tour. Rund um den autofreien Marktplatz findet sich alles, was das Herz begehrt – von der italienischen Eisdiele bis zum Spitzenlokal. Empfehlenswert ist das Restaurant Herrenküferei in einem denkmalgeschützten Haus aus dem 15. Jahrhundert, das auch vom Gastroführer Michelin für seine bodenständige Regionalküche gelobt wird.

Gut gerüstet für den Endspurt geht's nun steil hinauf nach Unterriexingen, wo die Glems an der Bachmühle in die Enz mündet. Ganz ohne Pusten und Schnaufen (oder Schieben) ist das letzte Stück vielleicht nicht zu meistern,

Nicht minder beeindruckend: die senkrecht abfallenden Felsen am rechten Glemsufer kurz darauf bei der Felsenmühle. Mit Mühlen geht es Schlag auf Schlag weiter: Scheffelmühle, Fleischmühle, Zechlesmühle ... ganze 19 von ihnen sind im Glemstal zum Teil noch in Betrieb. Einfach dem grünen Mühlrad folgen und im Zweifel so nahe wie möglich am Wasser halten.

In Ditzingen geht's via Zentrum durch die Glemsaue, natürlich nicht ohne einen Blick vom Glemsbalkon zu werfen. Leseratten können sich hier mit neuer Lektüre versorgen. Einfach ein ausgelesenes Buch als Tauschobjekt im Bücherschrank zurücklassen. Sanft auf und ab radelt es sich nun raus aus der Stadt, bis zur Talmühle mit ihrem kleinen Laden dauert es nur ein paar Minuten. In Schwieber-

Hin & Weg: S6 bis Leonberg; zurück mit S5 ab Bietigheim-Bissingen oder Tamm.

Beste Zeit: Frühjahr bis Herbst.

Dauer & Strecke: Tagestour (reine Fahrzeit 3 bis 4 Std.), rund 40 km für eine Strecke.

Ausrüstung: Evtl. Picknickkorb und Decke, ein Buch zum Tauschen.

Fußgänger haben Vorfahrt!

die Aussicht macht die Strapazen aber allemal wieder wett. Für den Rückweg bieten sich
zwei Optionen an: auf den Enz-Wiesen nach
Tamm oder – zwar etwas weiter, aber direkt
am Fluss entlang – auf der wenig befahrenen
Straße nach Bietigheim-Bissingen.

Eine Übersicht über den Glemsmühlenradweg
inklusive Kartenansichten gibt's unter www.
glemsmuehlenweg.de.

FAZIT: ENTSPANNTE TOUR, SELBST FÜR
GELEGENHEITSRADLER GUT ZU SCHAFFEN,
DURCH EIN ROMANTISCHES TAL, MIT HÜB-
SCHEN ÖRTCHEN AM WEG. SIGHTSEEING
LIGHT ODER PICKNICK MIT BUCH AUF DER
WIESE – IN JEDEM FALL WUNDERBAR.

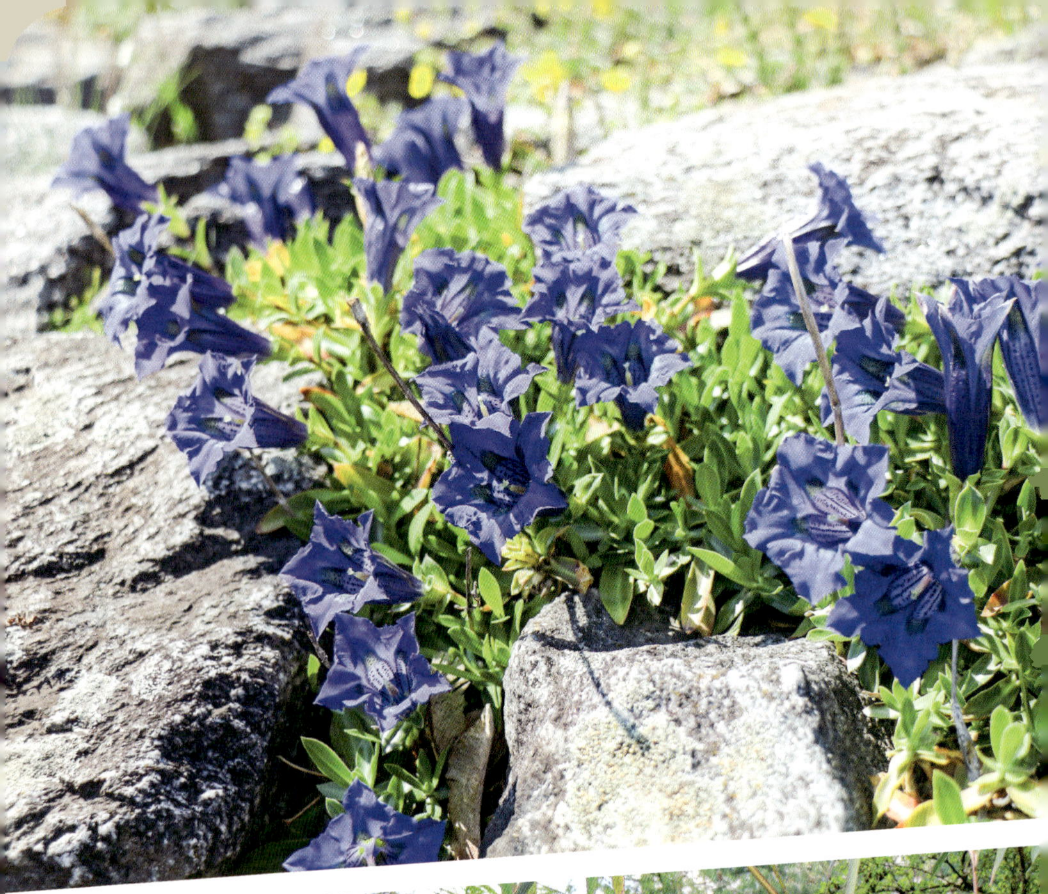

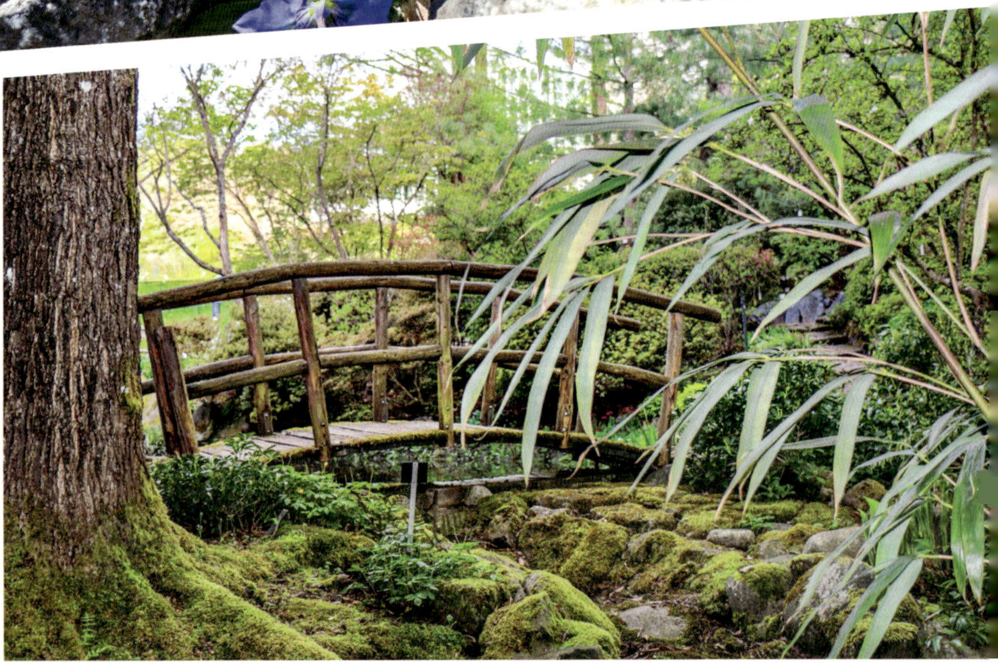

WELT-REISE

⊰ ... in Tübingen durch die ganze Welt ⊱

#31

Zuerst durch die Prärie Nordamerikas, dann in Madagaskar dem Pfeffer beim Wachsen zusehen und schließlich nach Asien ins Rhododendrontal. Zu Fuß einmal den Globus umrunden, und das an einem einzigen Tag. Unmöglich? Nicht im Botanischen Garten in Tübingen.

Von Südamerika nach Afrika – im Botanischen Garten Tübingen nur ein Katzensprung.

Heiß und trocken wird es in der Wüste mit wild verschlungenen Sukkulenten und mordsmäßig stacheligen Gesellen wie etwa dem Kapokbaum. Üppig in Südamerika, Boliviens Bromelien blühen prächtig. Zwischenstopp auf den Kanaren, um die Vulkanlandschaft zu bewundern – und dann geht es rein in den Dschungel. Dreißig Grad und mehr, feuchte Luft, die Kamera schwitzt und streikt, egal – bei so viel tropischer Schönheit im Pflanzenschauhaus. Filigrane Blüten baumeln scheinbar wurzellos von den Bäumen, Kaffeebeeren in leuchtendem Rot als herrlicher Kontrast zum tiefen Grün.

Der Abschied aus Afrika fällt schwer, doch im Apothekergarten und im Weinberg gibt's schließlich auch noch was zu entdecken. Im Apothekergarten wachsen nicht nur Gewürzpflanzen oder Kräuter wie Thymian, Melisse oder Rosmarin, die schon von Weitem duften. Hier lernt man auch einiges über Heil- und Giftpflanzen, aus denen Drogen für Pillen und andere Arzneimittel hergestellt werden können. Entsprechendes Fachwissen vorausgesetzt.

Um die Anreise ein wenig zu entschleunigen, empfiehlt es sich, vom Tübinger Bahnhof aus die vier Kilometer hinauf zur Morgenstelle in den Norden der Stadt zu spazieren. Bequemer geht's natürlich mit dem Auto oder dem Bus, und laufen kann man im zehn Hektar großen Garten an diesem Tag noch genug.

Unglaubliche 10 000 Pflanzenarten wachsen hier. Dann die Kamera gezückt und los: In den Alpen und Karpaten blitzen Enzianbüschel kobaltblau zwischen den Felsen hervor, scheinen mit dem gelben Steinkraut um die Wette zu leuchten, der Kaukasus hält locker mit, bildhübsche Ranunkeln tupfen Farbe in die karge Landschaft. Asiens Wälder und grünes Bambusdickicht verströmen eine angenehme Kühle in der Senke, Farne reihen sich entlang eines kleinen Baches.

Hin & Weg: B27 mit dem Auto (Navi: Hartmeyerstraße 123, Tübingen) oder mit der Regionalbahn R8 ab Hauptbahnhof Stuttgart. Von dort ca. 4 km Fußweg oder Buslinie 5 oder 13 bis Haltestelle Auf der Morgenstelle.

Beste Zeit: Frühsommer bis Herbst, Infos und Veranstaltungen unter www.botgarten.uni-tuebingen.de

Dauer: Nach Lust und Laune mehrere Std. oder den ganzen Tag.

Ausrüstung: Kamera, evtl. Vesper.

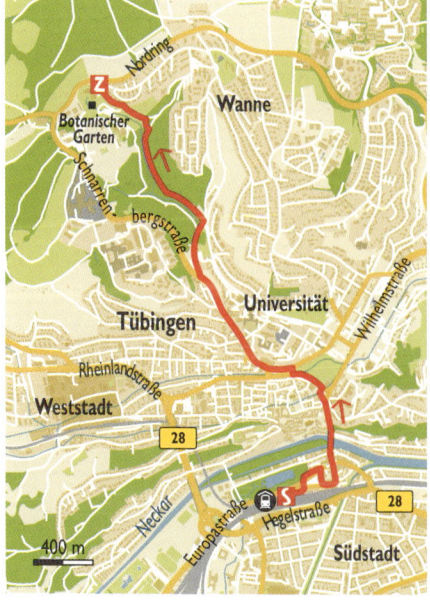

Lust auf einen Waldspaziergang? Auf der anderen Seite des Nordrings warten mehr als 1000 verschiedene Gehölzarten und eine großartige Aussicht über Tübingen bis zur Schwäbischen Alb.

Nachts durchs Arboretum, Tipps zum Wintergardening für zu Hause oder temporäre Tatoos mit Tinte aus dem Regenwald – die Uni Tübingen lockt Botanikfans jeden Monat mit Vorträgen und Führungen. Themen und Termine auf der Website.

FAZIT: BUNT, EXOTISCH, ERHOLSAM. HERRLICHE AUSZEIT IN EINER EINZIGARTIGEN OASE – NICHT NUR FÜR PFLANZENFETISCHISTEN.

WER ZICKT HIER RUM?

⇒ ... tierische Wanderung bei Welzheim ⇐

#32

Über Stock und Stein springen, neugierig sein und immer was zu meckern haben – bei dieser Tour im romantischen Wieslauftal bestimmen die Ziegen, wo es langgeht.

»Ich mag kein Blatt ...« – von wegen! Ziegen sind nicht nur unglaublich neugierig, sondern auch ziemlich verfressen.

»Ich bin so satt, ich mag kein Blatt ...« Wer's glaubt. Flori, Lina und Paula zeigen deutlich mehr Interesse an den Kräutern und würzigen Bärlauchstängeln, die am Weg wachsen, als an ihren zweibeinigen Wandergefährten. Satt sind sie durchaus, wählerisch sowieso, aber ein paar frische Blättchen passen immer noch rein. Ganze fünf bis sechs Kilo frisst jede von ihnen am Tag.

An der Klingenmühle, wo die beiden Ziegen und der Bock zuhause sind, beginnt die etwas andere Wanderung durch das Wieslauftal. Egal, ob nur ein paar Stunden oder einen ganzen Tag lang, das Tempo bestimmen die drei. Sehen sie etwas Interessantes am Weg, wird gestoppt. Wenn sie keine Lust haben weiterzulaufen, werden sie so störrisch, dass ein Esel noch was lernen könnte. Dann helfen nur

noch ein paar Stückchen Melasse, nach denen Lina und ihre Mitbewohner ganz verrückt sind. Für echte Wanderfreaks ist das freilich nix, dieses ständige Stop-and-go. Genau das aber macht das Ziegentrekking so reizvoll: mal innehalten, die Zeit vergessen, sich auf einen anderen Rhythmus einlassen.

Hin & Weg: Mit dem Auto auf der B29; S2 oder Regional-Express (Richtung Aalen) bis Schorndorf, dann mit Bus 263/228 über Welzheim zur Klingenmühle.

Beste Zeit: Ganzjährig. Mehr unter www.klingenmuehle.com/ziegen-trekking

Dauer & Strecke: Nach Lust und Laune, von einem Stündchen bis zur ausgewachsenen Tagestour. Die beschriebene Tour dauert 4 bis 5 Stunden, etwa 12 km.

Ausrüstung: Nix Besonderes.

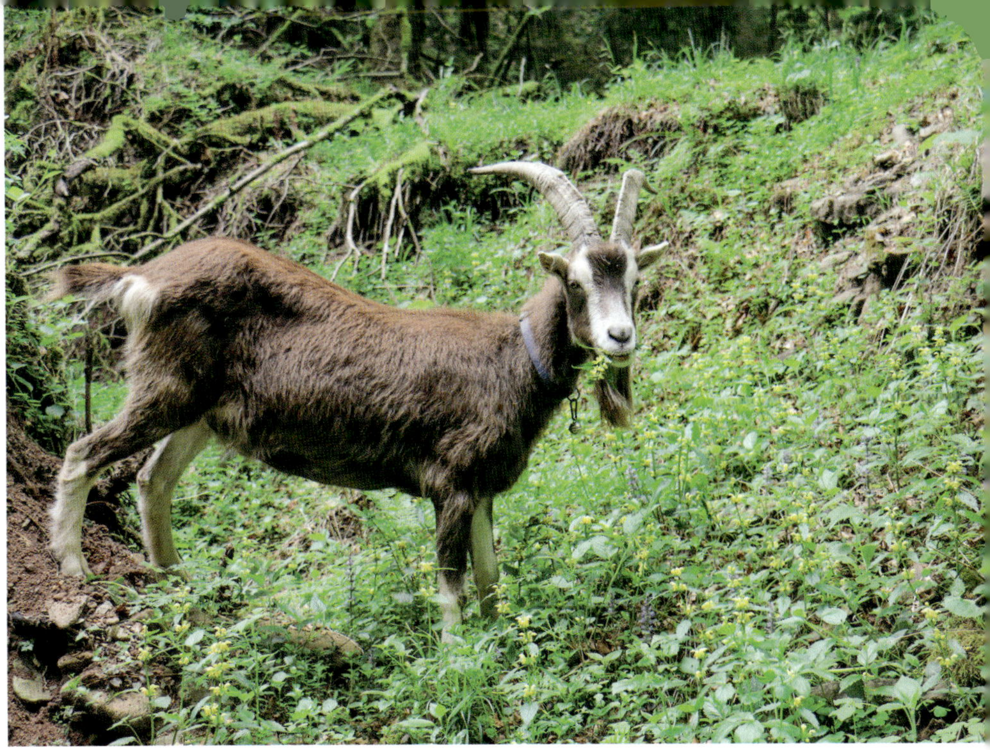

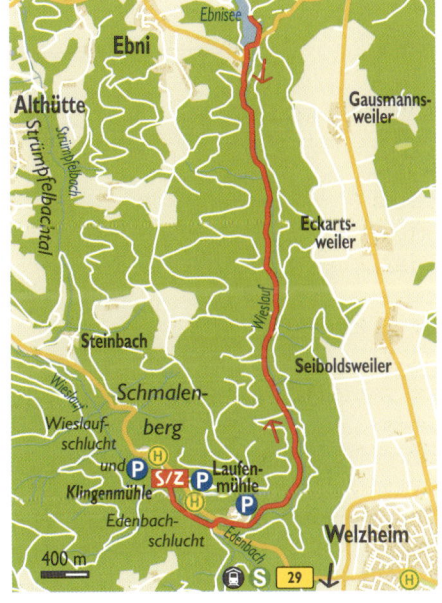

Wer will, kann entlang der Wieslauf durch das verwunschene Tal bis zum Ebnisee laufen, für den das Flüsschen angestaut wurde. Bis vor zweihundert Jahren wurde auf dem Wasser Holz in die Rems und weiter nach Stuttgart geflößt. Am Ebnisee könnte man noch kurz ins kühle Wasser springen, bevor es wieder retour zur Klingenmühle geht. Lust auf eine Einkehr? Herrlich am See sitzt man im Biergarten am hinteren Ende. Oder wie wärs mit einem Naturparkteller im Hotel Ebnisee? Auch lecker.

FAZIT: MAL FLOTT IM GALOPP, DANN NUR MIT MÜHE ÜBERHAUPT VORWÄRTS – EINE ETWAS ANDERE WANDERUNG, DIE TIERISCH VIEL SPAß MACHT.

ALB-ABENTEUER

 ... Aufstieg vom Lenninger Tal

#33 Vom Goldloch im Oberen Lenninger Tal rauf auf die Albhochfläche. Durchschnaufen. Erst die grandiose Aussicht und dann den Abstieg genießen auf der Langen Steige – einem sehr grünen Seitental mit Hang zur wilden Schlucht, das bald ein erwachsener Urwald sein möchte. Dschungelfeeling für Großstadtgeplagte.

  #Biosphärengebiet #LangeSteige #Goldloch #Wasserkraft #Weitsicht

Wandern im Biosphärengebiet – aber bitte nur auf den angelegten Wegen

Die Machete kann getrost zu Hause bleiben, rutschfeste Wanderschuhe dagegen sind obligatorisch für diese Expedition auf die Schwäbische Alb.

Oberhalb vom Parkplatz taucht der Weg nach rechts in den Wald ein, Richtung Goldloch. Ziemlich unscheinbar, beeindruckt trotzdem:

Scheinbar aus dem Nichts sprudelt das Wasser in der Höhle durch den Fels, um dann fast schon wieder brav als Bächlein durchs Lenninger Tal zu plätschern.

Durch Mischwald mit jungem Bergahorn und alten Ulmen windet sich ein schmaler Pfad im Zickzack nach oben, wo er auf einen brei-

Auf der Langen Steige kann man dem Urwald von morgen beim Wachsen zuschauen.

ten Waldweg trifft. Rechts halten, nach einer weiten Kurve gabelt sich der Weg – steinig, gleichmäßig ansteigend, doch nie allzu steil geht's hinauf nach Strohweiler. Bäume wurzeln abenteuerlich auf den Felsen, die teilweise bizarre Formen haben.

Kurz vorm Erreichen des Albplateaus an der großen Waldkreuzung den zweiten Weg nach links nehmen und weiter aufsteigen. Nach einer Rechtskurve öffnet sich der Wald, von da an orientiert man sich immer an dessen Rand bis zu einem Hochsitz. Wer ein Vesper im Rucksack dabeihat: Die Bank daneben wäre ein hübscher Platz für eine kleine Rast. Als Tisch und Stühle dienen dicke Baumstümpfe und am Waldrand ist es auch an windigen Ta-

gen herrlich geschützt und sonnig. Über einen Wiesenweg anschließend auf die andere Seite der Freifläche wechseln und weiter am Waldrand laufen, die Dächer vom Ort rechts liegen lassen. Nicht lange, dann tauchen ein paar große Scheunen auf, kurz darauf kommt man an eine Kreuzung mit einem Asphaltsträß-

---

Hin & Weg: A8 bis Kirchheim unter Teck, dann auf der B465 über Owen bis Schlattstall (Wanderparkplatz Lange Steige).

Beste Zeit: Mai bis Oktober.

Dauer & Strecke: Tagestour (reine Gehzeit 3,5 bis 4 Stunden), 14 km.

Ausrüstung: Rutschfeste Wanderschuhe, evtl. sind auch Wanderstöcke hilfreich.

Hier beginnt das wildeste Stück der Tour: Kernzone des Biosphärengebietes Schwäbische Alb.

chen. Hier beginnt eine der Kernzonen des Biosphärengebietes Schwäbische Alb.

Doch zuerst lockt noch eine kleine Extrarunde mit grandiosem Blick über die Älbe. Dazu geht man zunächst geradeaus über die besagte Kreuzung, dann auf einem Wiesenweg links hinauf und auf halber Höhe rechts bis zu einem Sträßchen. Dort links und über die Kuppe, dann erneut auf halber Höhe nach links und auf der rechten Seite der Hecke entlang. Nach einer viertel Umrundung der Älbe führt ein weiterer Wiesenweg rechts hinab zu einem Schotterweg, auf den man links abbiegt und so zum »Einstieg«-Schild zurückkommt.

Ein Holzschild ermuntert zum Einsteigen in die noch junge, aber schon märchenhaft schöne Wildnis, verwunschen – durch einen grünen Tunnel – schlängelt sich der Weg am Bachbett entlang, das immer tiefer und schon bald zur Schlucht wird.

Die Natur gibt den Ton an und leistet ganze Arbeit, lässt das Dickicht zwischen den Bäumen wuchern, Farne sprießen, Moosteppiche bedecken totes Holz. Der Mensch darf nur noch Zaungast sein, auf dem einzigen, offiziell erlaubten Weg, der Langen Steige. Es summt und zwitschert, grünt und blüht – jede Menge Insekten und Vögel, Wildblumen und Pilze

sind in dieser Idylle heimisch geworden. Die schönste Zeit: mittags, wenn die Sonnenstrahlen über die Baumspitzen hinweglugen und die Wildnis zum Leuchten bringen.

FAZIT: GRÜN, RUHIG, VERWUNSCHEN – NATURGENUSS PUR, DER FÜR DEN LANGEN ANSTIEG AM ANFANG DER TOUR MEHR ALS ENTSCHÄDIGT.

WANDERN ZUM QUADRAT

⟩ ... Genuss in Waldenbuch ⟨

#34

Erst naschen, dann wandern. Oder umgekehrt. Ist eigentlich egal, der süßen Versuchung kann in Waldenbuch sowieso keiner widerstehen. Bei der Tour zum Quadrat im Naturpark Schönbuch lässt sich besonders gut beides genießen – Schokolade und Natur.

Im Schokoladenhimmel – die verputzten Kalorien spaziert man hinterher einfach wieder weg.

Wer sagt denn, dass eine Rast erst verdient werden muss? Bei diesem Ausflug bietet es sich geradezu an, ganz gemütlich mit einer Einkehr zu starten: im Ritter-Museums-Café. Frühaufsteher finden hier schon ab 9 Uhr Croissants und allerhand andere Leckereien. Dazu Kaffee, Tee oder heiße Schokolade (hhmmm!) aus der hauseigenen Produktion – die Versuchung ist wirklich groß. Und das Ambiente sehr nett, im Sommer sitzt man auf der großen Terrasse mitten im Grünen, an kalten Tagen fühlt es sich hinter den riesigen Panoramafenstern zum Aichbachtal fast genauso an, nur wärmer. Jetzt aber los, ein bisschen bewegen, damit die vernaschten Kalorien sich gar nicht erst festsetzen.

Hinter dem Parkplatz über die kleine Brücke und dem Quadrat folgen. Bald taucht am Waldrand der Röhrwiesensee auf, wer will, kann manchmal auf dem Rückweg vom Pächter frisch geangelte Forellen kaufen. Schattig geht's auf dem Waldweg am Ufer durch das Tal und zum Fäulbachsee. Kunstwerke dekorieren den Weg, Seerosen zieren das Wasser, je nach Jahreszeit sind verschiedenste Tiere in der Ferne zu hören. Weiter durch den Wald auf dem Rundweg durch das Naturschutzgebiet »Neuweiler Viehweide«, der am Ende des klitzekleinen Anstiegs rechts abbiegt. An der nächsten Gabelung (leicht zu übersehen) rechts halten und bis zur Aussichtsplattform Hirtensitz spazieren. Der Blick schweift über die halboffene Waldweide mit Pferden, Ziegen und stattlichen Huteichen. Einige sind fast 400 Jahre alt. Seit das Gebiet unter Naturschutz steht, erholt sich der Wald wieder, viele seltene Vögel sind zurückgekehrt. Käuz-

Natur oder Kunst? Im Fäulbachtal gibt's beides.

chen und Fledermäuse sind in die verlassenen Höhlen der Spechte eingezogen. Der Weg nimmt einen Bogen nach links hinunter ins Tal und trifft dort wieder auf den Spazierweg »Museum Ritter« zurück zum Schokoladen-Tempel. Der ähnelt einem überdimensionalen Würfel aus hellem Kalkstein. Bunte Glasscheiben spielen mit dem Licht und zaubern immer neue Grafiken an die Wand. An Kunst interessiert? Dann nix wie rauf in die obere Etage mit Gemälden und Skulpturen rund ums Quadrat.

Noch Lust auf 'ne kleine Extrarunde? Sehenswert ist der Ortskern von Waldenbuch mit seinen mittelalterlichen Häuschen, Staffeln und Brunnen. Schon Dichter Goethe war beeindruckt von dem Schönbuchstädtchen, das idyllisch im Tal liegt. Schon mal was von den »Helden des Alltags« gehört? Sind im Schlossmuseum zu besichtigen. Also Dinge, die einem das Leben erleichtern wie Wäscheklammer, Klobürste, Streichholz und tausend weitere unverzichtbare Helferlein.

FAZIT: LOCKERE SPAZIERWANDERRUNDE OHNE ANSTRENGUNG, STATTDESSEN MIT HOHEM GENUSSFAKTOR. UNWIDERSTEHLICH FÜR SCHOKOLADENFANS.

Hin & Weg: S2 bis Echterdingen und Bus 828 bis Waldenbuch oder B27 mit dem Auto (schneller).

Beste Zeit: Zu jeder Jahreszeit schön. Öffnungszeiten unter www.museum-ritter.de und www.museum-der-alltagskultur.de

Dauer & Strecke: 1 bis 2 Std., 5 km.

Ausrüstung: Im Sommer: Kühltasche für die Schoko-Einkäufe.

IN DEN SCHWÄBISCHEN DOLOMITEN

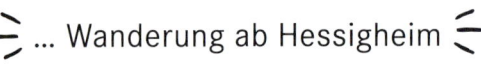 ... Wanderung ab Hessigheim

 **# 35**

Stiehlt den Felsengärten fast die Schau: Bei Mundelsheim legt sich der Neckar ganz gewaltig in die Kurve, den besten Blick auf das Schleifenspektakel gibt's von der Käsbergkanzel.

#Neckarschleife #Panorama #Kamera #Kurvenwunder #Kletterpartie

Ausblick von der »Schönsten Weinsicht« auf den Neckar

Vom Wanderparkplatz am Hörnle sind es nur ein paar Schritte, dann zweigt nach rechts eine steile Treppe ab zur einer kleinen Lichtung. Die gibt schon mal einen Mini-Vorgeschmack auf das Wahnsinns-Panorama am Felsengarten. Der Preis für das ganz große Kino: noch mehr Stufen. Die sind zwar leicht schnappatmend, aber schnell gemeistert. Und die Luft würde einem spätestens oben sowieso wegbleiben bei dieser Aussicht – ein einziges Wow! Dachte sich auch das Deutsche Weininstitut und kürt das Plätzchen mit der Bank zur »Schönsten Weinsicht« im Ländle. Cooler wirkt das Selfie allerdings von der Kan-

149

te aus, nur abrutschen sollte man nicht. Bis zu 18 Meter fallen die Felswände in die Tiefe. Oft kann man den Sportkletterern zuschauen, die hier seit hundert Jahren kraxeln, auf teils sehr anspruchsvollen Routen.

Die Gesteinsformationen aus Dolomit sind Überreste aus der Urzeit, später hat sich der Neckar dann immer tiefer durch den Muschelkalk gefressen. Apropos, der macht den Felsengärten flussabwärts ziemlich Konkurrenz,

(links) Bei Mundelsheim legt sich der Neckar ganz schön in die Kurve.

wenn er in Mundelsheim beinahe eine Kehrtwendung hinlegt.

Hin kommt man ganz gemütlich: Am Ende des Felsengartenpfades rechts halten. Durch die Weinberge, vorbei am Bergwacht-Parkplatz, über die Ottmarsheimer Straße und dann links in die Weinberge abbiegen – die Käsbergkanzel schon im Blick. Unterhalb thront das Königshäusle, ein Weinberghäuschen, inmitten steiler Staffeln und Reben. Von dort ist die Aussicht auf die Neckarschleife nun wirklich unübertroffen. Jetzt nur noch die Kamera gezückt und den Augenblick festhalten.

Für den Rückweg folgt man einfach dem Lauf des Neckars im großen Bogen flussaufwärts bis zur Fußgängerbrücke. Rechts geht's wieder zum Parkplatz. Wer mit Bus oder Bahn gekommen ist, überquert den Fluss , kann gemütlich durch die Gassen der malerischen Altstadt von Besigheim bummeln und in eines der hübschen Cafés oder Restaurants einkehren.

FAZIT: TOP-TOUR MIT TOLLEM WEITBLICK – INKLUSIVE SENSATIONELLER FOTOMOTIVE. ECHT INSTAGRAMMABLE.

Hin & Weg: A81 Ausfahrt Mundelsheim, Ausschilderung Felsengärten; Regionalbahn bis Besigheim, dann Bus 459.

Beste Zeit: Immer dann, wenn die Wege nicht rutschig sind.

Dauer & Strecke: Gut 2 Std., Rundweg etwa 10 km.

Ausrüstung: Vesper.

KOPF-SACHE

⇒ ... Wanderung vom Hanweiler Sattel bei Korb ⇐

#36

Sehr abwechslungsreiche Tour um den Hörnleskopf und den Korber Kopf durch schattigen Wald und sonnenverwöhnte Weinberge. Was hier wächst? Die Crème de la Crème der Württemberger Weine.

Wege entstehen erst beim Gehen. Das sagte – so oder zumindest so ähnlich – übrigens schon Franz Kafka. Auf diese Tour bezogen heißt das: Man parkt das Auto am Wanderparkplatz Hanweiler Sattel und läuft einfach mal los. Nach links in die Weinberge oder nach rechts in den Wald, je nach Lust und Laune – die Strecke folgt einer liegenden Acht, sich zu verlaufen ist also nicht möglich. Auch mal schön, sich einfach so treiben zu lassen, im dichten Grün, den wunderbaren Duft von frischem Holz in der Nase, während Amsel und Nachtigall die passende Begleitmusik liefern.

Wer sich rechts hält, folgt dem Kreuzeichensträßle und dann der Rundum-Aktiv-Markierung etwa anderthalb Kilometer bis zum Grillplatz an der Kreuzeiche. Jetzt schon eine Pause? Logisch, die saftigen Steaks im Rucksack warten schon auf ihren Einsatz.

Gut gestärkt geht's weiter (scharf rechts abbiegen) auf dem schattigen Waldweg bis zum Immrich. Wer schon immer wissen wollte, wie das mit dem Kreislauf der Natur funktioniert: Beim Eichenstubben gibt's das Waldleben in Nahaufnahme. Süßer Saft aus dem Baumstumpf lockt Käfer und Schmetterlinge, andere Insekten fräsen Gänge ins Holz und schaffen Wohnraum für Spinnen und Co., Moos, Flechten und Pilze verarbeiten schließlich alles zu Humus.

An der großen Wegkreuzung muss man sich entscheiden: links zum Beinsteiner See, weiter zum Kleinheppacher Kopf bis Steinreinach

Zehn jährlich wechselnde Skulpturen zieren den Rundweg »Korber Köpfe« beim Berghäusle.

und durch das Hörnlesbachtal zurück oder lieber direkt über den Hörnleskopf zurück zum Hanweiler Sattel – und noch eine Runde durch die Weinberge dranhängen.

Hin kommt man auf dem Württemberger Weinwanderweg alias Remstal-Höhenweg. Der umrundet den Korber Kopf oberhalb der Reben, Traumpanorama inklusive. Nach einem kurzen Waldstück tauchen die Hanweiler Lagen auf mit ihren hübschen Weinberghäuschen. Im Zickzack durch die Weinberge bis in den Ort – im Frühjahr und Herbst direkt in den Besen. Welcher Winzer wo ausschenkt, steht auf den kleinen Plakaten mitten im Weinberg. Zurück zum Auto einfach dem roten Punkt folgen. Wer noch Muße hat: Sehenswert sind die zehn jährlich wechselnden Skulpturen am Rundweg »Korber Köpfe« beim Berghäusle.

Einkehren? In der Vinothek in Korb (www.weinkorb.de). Die macht schon von außen so viel her, dass es 2016 für den Weintourismus-Preis von Baden-Württemberg gereicht hat.

Tipps zur Strecke: Auf der Karte eingezeichnet ist der erste Teil der Wanderung (wie beschrieben) durch den Wald. Für die Extrarunde durch die Weinberge spaziert man einfach auf den Wirtschaftswegen ganz nach Lust und Laune durch die Reben. Für den Skulpturenpfad einfach dem Schild vom Parkplatz aus folgen.

FAZIT: WALD ODER WEIN? BEIDES – UND PERFEKT FÜR ALLE, DIE DEN STRECKENVERLAUF AM LIEBSTEN SPONTAN ENTSCHEIDEN.

Hin & Weg: B14 Ausfahrt Korb, Wanderparkplatz nach dem Ortsausgang am Hanweiler Sattel (Matreier Straße).

Beste Zeit: Frühjahr bis Herbst.

Dauer & Strecke: Tagesausflug, reine Gehzeit ca. 3 Std., 12 km (komplette Runde).

Ausrüstung: Evtl. Würste und Steaks zum Grillen.

WINZER FÜR EINEN TAG

 ... Berufspraktikum in Großbottwar

Steile Hänge, schmale Terrassen – viele Weinflächen rund um Stuttgart können nur von Hand bearbeitet werden. Da ist mancher Winzer ganz froh über einen zusätzlichen Helfer, der kräftig mit anpackt. Ein Bergausflug der anderen Art.

Vorfreude auf den neuen Wein, doch zuerst kommt die Plackerei im Weinberg.

Oktober. Die Beeren sind reif. Jetzt muss der Winzer täglich entscheiden: die Trauben noch ein bisschen Sonne tanken lassen und warten – oder ernten. Bleiben die Trauben zu lange am Stock hängen, verändern sich Süße und Säure und damit auch die Qualität des Weins. Zu früh gelesen fehlt es ihm wiederum an Charakter und Fülle.

Fällt der Startschuss zur Lese, muss alles rasch gehen. Kurz nach Sonnenaufgang zieht dann die bunt zusammengewürfelte Erntehelferschar in den Weinberg: der Winzer samt Familie, Hausfrauen, Rentner, Studenten – oder eben Weinfreaks, die selbst einmal mit Hand anlegen möchten. Mit geübter Hand zeigt der Winzer zunächst, wie man die Rebschere richtig hält und wo die Traube abgeschnitten wird.

Rebstock für Rebstock leert sich, nach kurzer Zeit hat man den Dreh raus, die Arbeit hat fast etwas Meditatives.

Die Kisten füllen sich und kommen so schnell wie möglich in die Kelter. Von Winzerromantik keine Spur, die Weinlese ist harte Arbeit. Am

Hin & Weg: Mit dem Auto via A81 oder mit der S4 bis Marbach und anschließend mit Bus 460 nach Großbottwar (genauer Treffpunkt wird nach Anmeldung bekanntgegeben).

Beste Zeit: Herbst, Anmeldung bei Weinerlebnisführer Wolfgang Link, Tel. 07148 81 37 oder unter www.wein-ver-fuehrung.de/touren/mittendrin

Dauer: 9 bis 16 Uhr.

Ausrüstung: Arbeitshandschuhe und Sonnenschutz, bequeme Klamotten.

Nachmittag spürt man die Plackerei im Rücken. Und ist trotzdem mächtig stolz darauf, was man mit den eigenen Händen geschafft hat.

Ein wohlverdienter Schluck beim gemeinsamen Vesper, angeregtes Plaudern mit den Kollegen auf Zeit entschädigt allemal für die müden Knochen. Und den Wert eines Weines schätzt man künftig bestimmt noch ein kleines bisschen mehr.

FAZIT: ANSTRENGEND IST DIESER AUSFLUGSTAG SCHON EIN WENIG, MACHT ABER SEHR GLÜCKLICH UND ZUFRIEDEN – VERSPROCHEN.

Auch in Stuttgart kann man – je nach Kapazität – bei dem einen oder anderen Weingut aushelfen. Einfach beim Winzer mal anfragen.

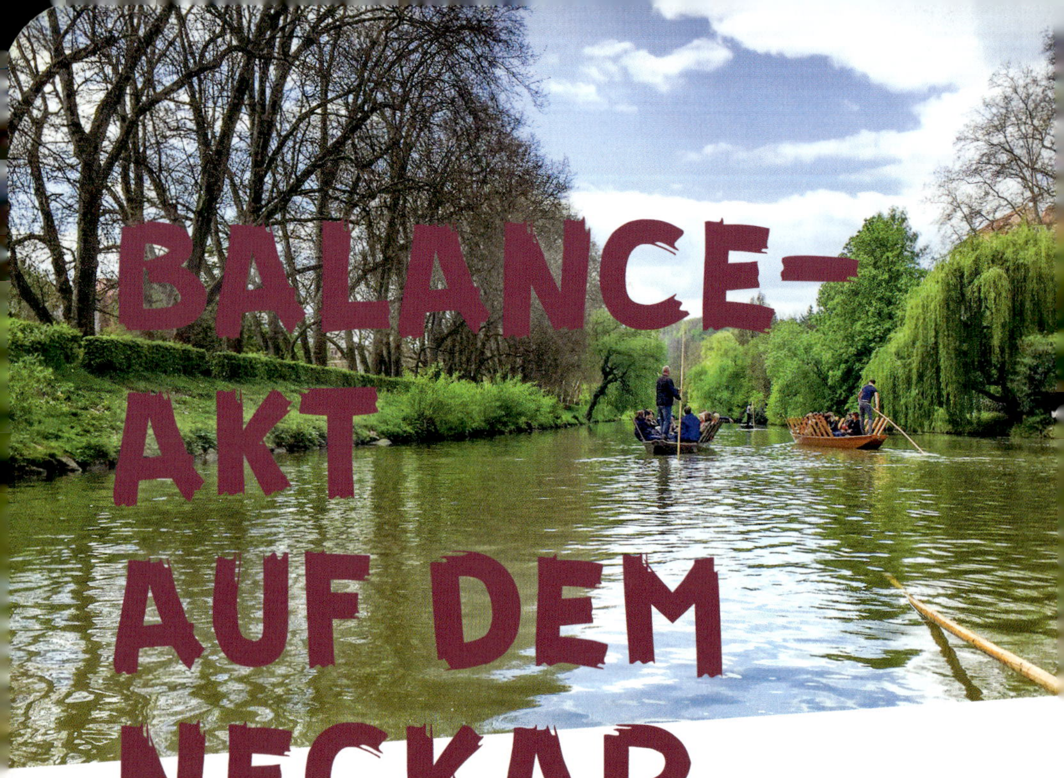

BALANCE-AKT AUF DEM NECKAR

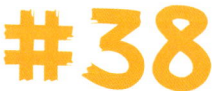

… mit dem Stocherkahn durch Tübingen

#38

Sie erinnern sich an den singenden Gondoliere unter der Rialtobrücke? Nun, eine Stocherkahnfahrt auf dem Neckar ist mindestens ebenso unterhaltsam. Entschleunigend sowieso. Und Tübingen braucht sich hinter Venedig bestimmt auch nicht zu verstecken.

#Balanceakt #Muckis #Neckarinsel #Seufzerwald #DolceVita

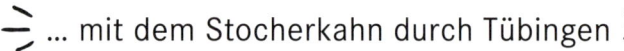

Lustige Ausfahrt oder erfrischendes Bad – kommt auf die Balance an.

In Sachen Dolce Vita punktet die Universitätsstadt gleich mehrfach: enge Gassen in der Altstadt, verschwenderisch blumengeschmückt, mit kuschligen Cafés und Kneipen entlang der Ammer, viermal die Woche buntes Markttreiben mit Ständen, an denen regionale Bauern selbst gemachten Käse, Wurst oder Wein verkaufen, die Platanenallee auf der Neckarinsel, auf der es sich hübsch flanieren lässt, um nur einiges zu nennen. Und natürlich die Gondeln, die hier Stocherkähne heißen. Wer will, bucht das ganze Boot, alle anderen kaufen sich ein Ticket für die öffentliche Tour, die täglich Punkt 13 Uhr am Hölderlinturm startet.

Es lohnt sich, ein bisschen früher da zu sein, das Flair einzufangen, ganz relaxt. Touristen mischen sich unter die Studenten, sitzen auf der Ufermauer vor den bunt getünchten Fachwerkfassaden, an denen der Neckar alles andere als träge vorbeiströmt.

Einsteigen in den Kahn, eine Kunst für sich. Schön einer nach dem anderen, und dann vielleicht Plätze tauschen, auf jeden Fall gewichtsmäßig ausbalancieren. Bloß keine Schlagseite bekommen, sonst kentert das Ding, warnt der Stocherkahnkapitän. Augenblicklich sitzen alle mucksmäuschenstill. Gut so, und herrlich entschleunigend. Fast lautlos gleitet der Kahn auf dem Wasser, vorbei an Villen und Gärten, entlang der Neckarinsel mit den alten Platanen und dem Seufzerwäldchen, das schon so manches »Ti amo« belauscht hat. Viel zu schnell heißt es schon wieder umkehren. Auf den Nachbarkähnen kann man alles Mögliche miterleben von knallenden Korken zum Junggesellinnenabschied bis hin zu übermütigen Schulklassen, die johlend die Schaukeltoleranz ihres Gefährts testen.

Hin & Weg: Mit der Regionalbahn R8 ab Hauptbahnhof Stuttgart oder B27 mit dem Auto.

Beste Zeit: Mai bis September, täglich 13 Uhr (Tickets gibt's in der Touristeninformation an der Neckarbrücke, Infos auch unter www.tuebingen-info.de).

Dauer: Einen Tag lang, davon 1 bis 2 Std. im Kahn auf dem Wasser.

Ausrüstung: Nicht nötig. Ev. ein Schirm gegen Sonne oder Regen auf dem Kahn.

Wer selbst mal im Neckar stochern will, darf das – und merkt bald, dass das gar nicht so einfach ist.

Auf dem Rückweg dürfen mitunter auch die Gäste an die Stocherstange. Was so leicht aussieht, ist es gar nicht. Hätte man auch selbst drauf kommen können angesichts der muskelbepackten Arme des Kahnführers.

Und so bugsiert dieser den Stocherkahn schließlich selbst wieder sanft an den Anleger – mit etwas Glück auch durchs »Nadelöhr«. So wie das beim Stocherkahnrennen Pflicht ist, das einmal im Jahr in Tübingen stattfindet. Ein lustiges Spektakel, denn da muss die Mannschaft mit ran und paddelt mit den Händen im Neckar. Oder landet schon mal ganz drin. Die Gaudi ist's wert.

> **FAZIT: MEDITERRAN, RELAXT, ERFRISCHEND – EIN SPONTANER TAG AM FLUSS MIT HOHEM FUNFAKTOR.**

SCHRÄGE SACHE

... auf dem Blaustrümpflerweg

#39

Zacke, Friedhofsgeschichten, Erbschlei-
cherexpress und ganz irdischer Genuss
am Schluss – der Blaustrümpflerweg
lässt tief blicken in den Kessel. Wander-
vergnügen pur mitten in der City.

Wer ausreichend Puste hat, nimmt am besten den Aufstieg durch den ältesten und steilsten Weinberg Stuttgarts. Alle anderen hocken ganz bequem in der »Zacke«, lassen sich also von der Zahnradbahn nach Haigst hochziehen. Und folgen dann dem blauen Strumpf: Alte Weinsteige, Leonorenstraße bis zum Wald. Aussichtsreicher ist die schweißtreibende Variante: vom Marienplatz ein paar Schritte auf der Böheimstraße und die Staffel hinauf durch den Degerlocher Scharrenberg. Mit jedem Schritt auf dem Stuttgarter Weinwanderweg weitet sich der Blick über die Reben auf den Talkessel. Kein Wunder, sind ja locker 200 Meter Höhenunterschied auf kurzer Distanz. Bald taucht der Blaustrümpferweg in den Wald ein. Von Frühling bis Frühsommer duftet es würzig nach Wildkräutern, die am Weg wachsen. Einmal tief durchatmen, die Stille wahrnehmen.

Wer es zu etwas gebracht hat in Stuttgart, siedelt sich gern in Degerloch an – und sei es für die letzte Adresse: Waldfriedhof. Besuchen? Lohnt sich. Nicht nur wegen der Persönlichkeiten wie Kaufhauskönig Breuninger oder Spülmaschinenerfinder Bauknecht, die hier begraben sind. Sehenswert ist die Ruhestätte vor allem durch ihren natürlichen Waldcharakter und gut erreichbar auch – mit dem Erbschleicherexpress. Der heißt so, weil die Angehörigen so auf schnellstem Weg wie-

Hin & Weg: U1 oder U14 bis Marienplatz oder Heslach, dann zu Fuß oder mit der Zacke nach Haigst.

Beste Zeit: Das ganze Jahr über, am schönsten zur Biergartensaison.

Dauer: 2 bis 4 Std. (je nachdem, ob man die ganze Runde geht).

Ausrüstung: Nicht nötig.

Reisen wie anno dazumal mit der Standseilbahn vom Waldfriedhof nach Heslach.

der zurück in die Stadt kamen. Eine ziemlich schräge Sache: Die Standseilbahn überwindet vom Waldfriedhof bis Heslach 28 Prozent Gefälle. Fast geräuschlos gleitet der rotbraune Wagen am Drahtseil hinab. Teakholz, Messing, Emaille verströmen 1920er-Jahre-Flair. Wer erst spät in die Puschen gekommen ist, muss weiterlaufen: Um 17.50 Uhr fährt die letzte Seilbahn ab. Wie schade, dass diese Zeitreise nur 10 Minuten dauert, schon ist man an der Talstation.

Von dort geht's ein bisschen im Zickzack durch das Wohngebiet und dann durch die Heslacher Wand. Ein paar Serpentinen weiter oben übernimmt der Blaue Weg, von Buchen und Linden flankiert. Im Frühling unbedingt eine Nase voll Lindenblütenduft mitnehmen. Und die grandiose Aussicht bewundern, auf den Fernsehturm und auf Heslach. Dessen Bewohnern verdankt der Weg seinen Namen. Sie sollen einst den Herzog von Württemberg auf seiner Flucht verraten haben. Als er zurückkam, mussten die Heslacher zur Strafe blaue Strümpfe tragen.

Weiter geht's an der efeuberankten Mauer entlang zur Hasenbergsteige, hinunter zur Karlshöhe und schnurstracks in den vielleicht schönsten Biergarten Stuttgarts. Wer einen besonderen Tropfen genießen möchte: Unterhalb stehen ein paar Rebzeilen, die den Wein liefern, der als »Villa Gemmingen« ausgeschenkt wird, benannt nach dem Renaissance-Prachtbau nebenan. Wer den Weg im Uhrzeigersinn läuft, kann sich jetzt eine ausgedehnte Pause gönnen. Über die Stäffele sind es nur wenige Minuten zurück zum Marienplatz.

FAZIT: EIN KLASSIKER – UND IMMER WIEDER SCHÖN. NAHEZU EBEN UND SCHATTIG, BESONDERS AN HEISSEN TAGEN PERFEKT.

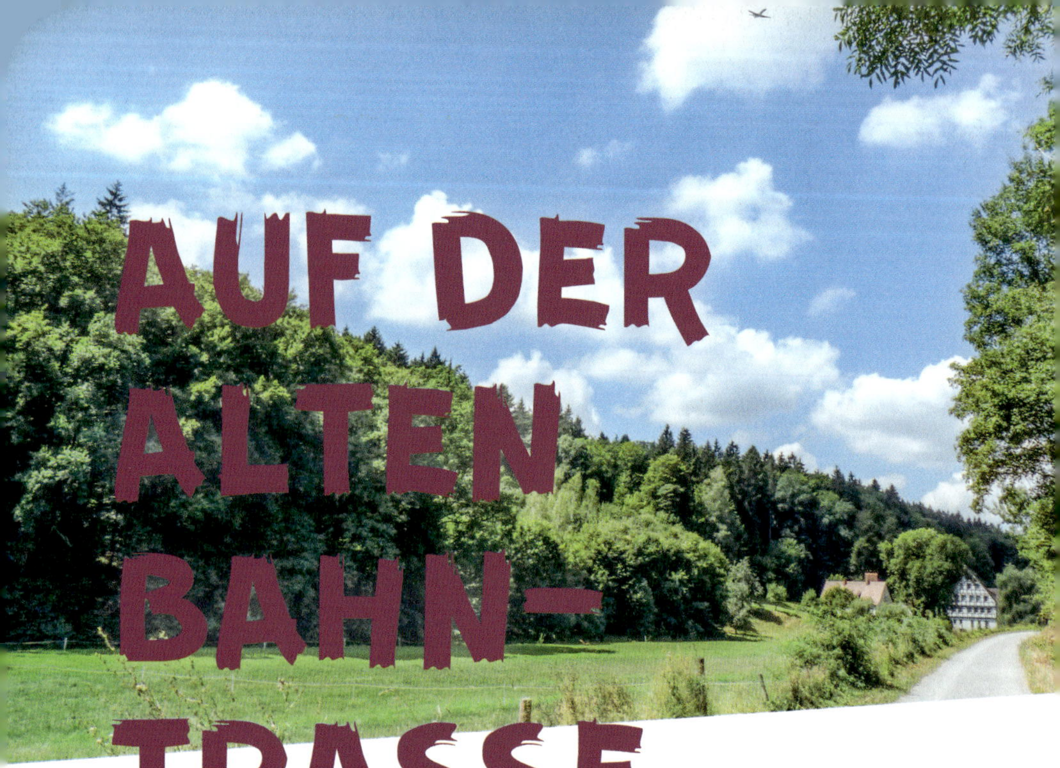

AUF DER ALTEN BAHN-TRASSE

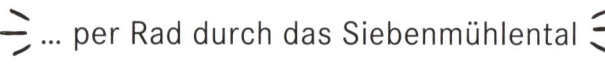

… per Rad durch das Siebenmühlental

#40

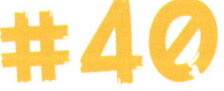

Kann gut sein, dass das Wandern des Müllers Lust war. Mit dem Rad kommt man im Siebenmühlental aber mindestens genauso schön von einer Mühle zur andern – auf einer alten Eisenbahntrasse.

#Mühlen #Eisenbahntrasse #Viadukt #Schönbuch

Landleben – und doch ganz citynah.
Im Siebenmühlental fühlen sich nicht
nur Enten wohl, sondern auch viele
Schmetterlinge.

Die knapp zwei Kilometer vom Bahnhof in Leinfelden bis nach Musberg sind zwar relativ unspektakulär, dafür aber schnell geradelt. Am Kreisverkehr Musberger-/Filderstraße beginnt die asphaltierte, ehemalige Bahnstrecke nach Waldenbuch (parallel zur K 1227) und der Drahtesel rollt fast von alleine ins Siebenmühlental, eines der romantischsten im Schönbuch.

Abgesehen von einem klitzekleinen Makel: Flugzeuge mit Kurs auf Stuttgart donnern gefühlt nur haarbreit über die Baumspitzen hinweg. Ist der Spuk nach ein paar Sekunden vorbei, übernimmt wieder die Idylle. Krasser könnten die Gegensätze nicht sein. Es ist kaum zu glauben, wie viele seltene Vögel, Schmetterlinge und Fledermäuse im Siebenmühlental leben.

Am Viadukt grüßt bald schon die Eselsmühle, eine von sieben, wie der Weg verspricht. Was nicht ganz stimmt, denn ursprünglich klapperten elf Mühlen am Reichenbach. Langschläfer könnten jetzt den ersten Stopp einlegen (ab 12 Uhr gibt's in der Mühlenstube Hausmannskost und Selbstgebackenes) – oder bis zum Rückweg warten (www.eselsmuehle.com). Im Sommer lockt der Garten der Eselsmühle mit lauschigen Plätzchen, aber auch im Winter ist es urgemütlich drinnen in der Stube. Ein bisschen Abwechslung gefällig? Dann runter

vom Radweg und vis-à-vis zur Mäulesmühle (www.maeulesmuehle.de). Am Wochenende schmeißt der Wirt nicht nur den Herd an, sondern sonntagnachmittags auch das alte Mahlwerk von 1819, das noch wie damals funktioniert. Und in der Scheuer spielt ab und an waschechtes Mundart-Theater, bei dem »Neig'schmeckte« wahrscheinlich nur Bahnhof verstehen.

Wessen Magen noch nicht ganz in den Knie- kehlen hängt, der wartet noch bis zur Schlöss- lesmühle (www.schloesslesmuehle.com). Ein- fach dem Schild mit dem roten Kreuz folgen und am Waldrand entlang durch ein herrliches Stück Natur radeln, flankiert von saftig grü- nen Wiesen und Wildblumen. Fast hundert Jahre hat die Schlösslesmühle als Gaststätte bereits auf dem Buckel, seit die Mühlräder

Zu jeder Jahreszeit ein Genuss: Einkehr in der Eselsmühle. Im Sommer sitzt man im romantischen Garten, im Winter drinnen in der gemütlichen Stube.

1925 stillstanden. Noch früher wurde sie als Poststation genutzt, da günstig an der Straße von Stuttgart nach Schaffhausen gelegen. Bis 1823 ratterte zweimal in der Woche die Postkutsche vorbei. Den Namen bekam das Gebäude übrigens durch den mittelalterlichen Staffelgiebel, der einem Schloss gut stehen würde.

Weiter geht's anschließend wieder auf der Bahntrasse. Schattig, angenehm kühl und grün – wie ein Tunnel säumen die Bäume den Weg bis zur Burkhardtsmühle. Wer will, tankt im Waldmeister-Biergarten (www.waldmeister-biergarten.de) noch mal kurz auf für den Rückweg – auf der Bahntrasse in entgegengesetzter Richtung. Bis zur Eselsmühle sind die Kalorien vom Mittagessen locker weggestrampelt. Jetzt wäre noch einmal Zeit für eine

kleine Pause. Mit etwas Glück ergattert man ein lauschiges Garten-Plätzchen in der Nachmittagssonne. Zurück geht es dann auf dem Mühlenweg via Musberg.

FAZIT: ENTSPANNTE RADTOUR, DIE AUCH FAHRRADMUFFEL MIT LINKS SCHAFFEN. MIT HOHEM GENUSSFAKTOR, DER VESPER-RUCKSACK KANN ZUHAUSE BLEIBEN.

Hin & Weg: S3 bis Leinfelden.

Beste Zeit: Das ganze Jahr über, am schönsten in der Biergartensaison.

Dauer & Strecke: 4 bis 5 Std. (mit Einkehr), etwa 20 km.

Ausrüstung: Fahrräder.

3. KAPITEL
MINIURLAUB

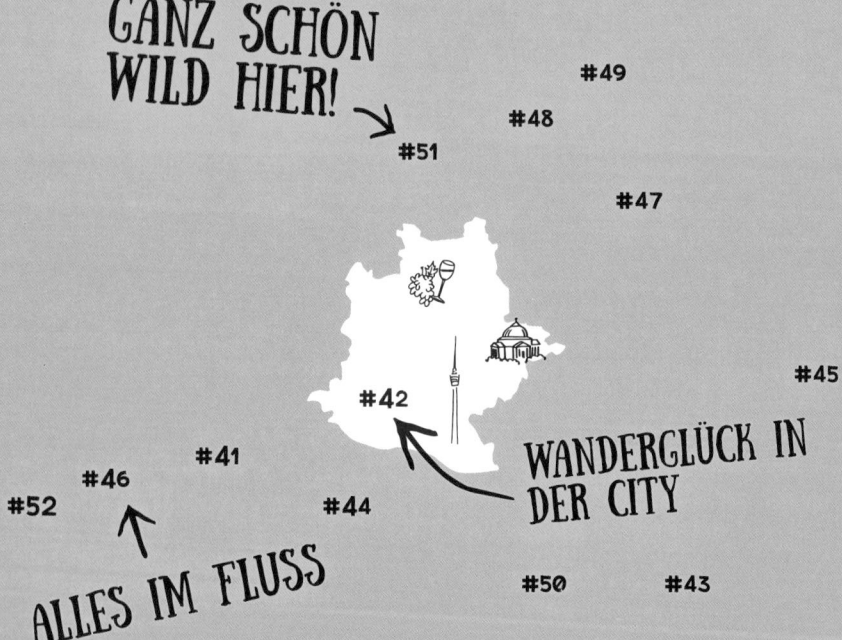

GANZ SCHÖN
WILD HIER!

#49

#48

#51

#47

#45

#42

#41

#46

#52

#44

WANDERGLÜCK IN
DER CITY

ALLES IM FLUSS

#50

#43

Ferien für ein Wochenende

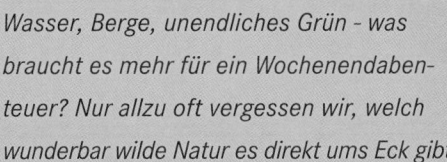

Wasser, Berge, unendliches Grün - was braucht es mehr für ein Wochenendaben-teuer? Nur allzu oft vergessen wir, welch wunderbar wilde Natur es direkt ums Eck gibt.

36 H

AUGEN-
BLICK MAL

≥ ... Zavelstein im Ausnahmezustand ≤

#41

Wer sagt eigentlich, dass ein Meer blau oder türkis sein muss? Wie wär's mit zartem Lila? In Zavelstein verwandeln jedes Jahr Millionen Krokusblüten die Wiesen bis zum Horizont in ein Blütenmeer.

Am Morgen sehen sie noch aus wie Buntstifte, die wild durcheinander in der Wiese stecken. Doch kaum streichelt die Sonne die zarten Blütenblätter, färbt sich der Boden, und ein herrliches Pastell flutet die Fläche am Ortsrand. Eine der wenigen Wiesen in Deutschland, wo der Krokus wirklich wild wächst. Und das auf nicht weniger als unglaublichen fünfhunderttausend Quadratmetern.

Woher der Krokus stammt, weiß niemand so ganz genau. Rund hundert Arten sind bekannt, die meisten davon wachsen im Orient, Nordafrika oder am Mittelmeer. Während hierzulande die Krokusse überwiegend im Frühling blühen, entfalten einige Arten im Süden erst im Herbst ihre Pracht. Am bekanntesten ist die Safranvariante. Aus den Blütenstempeln des Schwertliliengewächses werden teure Gewürzfäden gewonnen. Das enthaltene Crocin sorgt dafür, dass sich Speisen intensiv goldgelb färben.

Hin & Weg: Über Horb bis Bahnhof Bad Teinach-Neubulach (auf Wunsch Hotelshuttle, keine Taxis am Bahnhof).

Beste Zeit: Ganzjährig, im März zur Krokusblüte ist es aber wohl am schönsten (Blütenstandstelefon: 07053 9 20 50 42).

Dauer: Ein Wochenende (»Augenblickrunde«: 4 Std. reine Gehzeit).

Ausrüstung: Badeklamotten, Bademantel und ein gutes Buch.

Wenn es Nacht wird: Hotel Therme Bad Teinach, 4-Sterne-Haus und Spa mit Schwarzwälder Naturparkküche (www.hotel-therme-teinach.de)

Nur als Krokusgucker zu kommen, wäre aber für den Ort fast schon beleidigend angesichts der schönen Aussicht – bei gutem Wetter bis zur Burg Hohenzollern. Direkt an den Krokuswiesen startet die gut markierte »Augenblickrunde« durch den Wald zum Zettelberg. Zeit für einen Fernblick. Auf einer der Bänke den Augenblick genießen.

Viel Wald, ein bisschen Feld, schöne dörfliche Ecken, ein Brunnen, und dann im Zickzack hinab ins Rötenbachtal. Und zwischendurch immer wieder grandioses Baumwipfelkino. Braucht's ein kleines Vesper? Gibt's in der urigen Schlossberghütte am Weg. Vom Rötenbach schlängelt sich ein steiler Fußpfad hinauf zur Burgruine Zavelstein. Wer noch genug Puste hat, steigt auf den Bergfried mit Rundumpanorama auf das Teinachtal und auf die Schwäbische Alb. Vor fast tausend Jahren wurde die Burg gebaut, überstand allerdings – bis auf den 28 Meter hohen Turm – das spätere Gerangel mit den Truppen der Franzosen nicht. Nach dem Burggraben zieren hübsche Fachwerkhäuser die Gasse bis zum Ortskern von Zavelstein. Und jetzt? Ein Stück Schwarzwälder Kirschtorte oder doch ab ins badewannenwarme Wasser der Therme Bad Teinach? – Und weiter genießen.

(oben) Blick vom Bergfried in die Burgruine Zavelstein. Bei gutem Wetter reicht der Blick über das Teinachtal bis zur Schwäbischen Alb.

(linke Seite) Hübsche Gassen mit Fachwerkhäusern laden zum Bummeln und Schlemmen in Zavelstein ein.

FAZIT: DIE WILDEN KROKUSSE FÜR SICH SIND DIESEN AUSFLUG SCHON WERT. BESSER NOCH EIN GANZES WOCHENENDE IN DER SCHWARZWALDIDYLLE VERBRINGEN. KIRSCHTORTE INKLUSIVE.

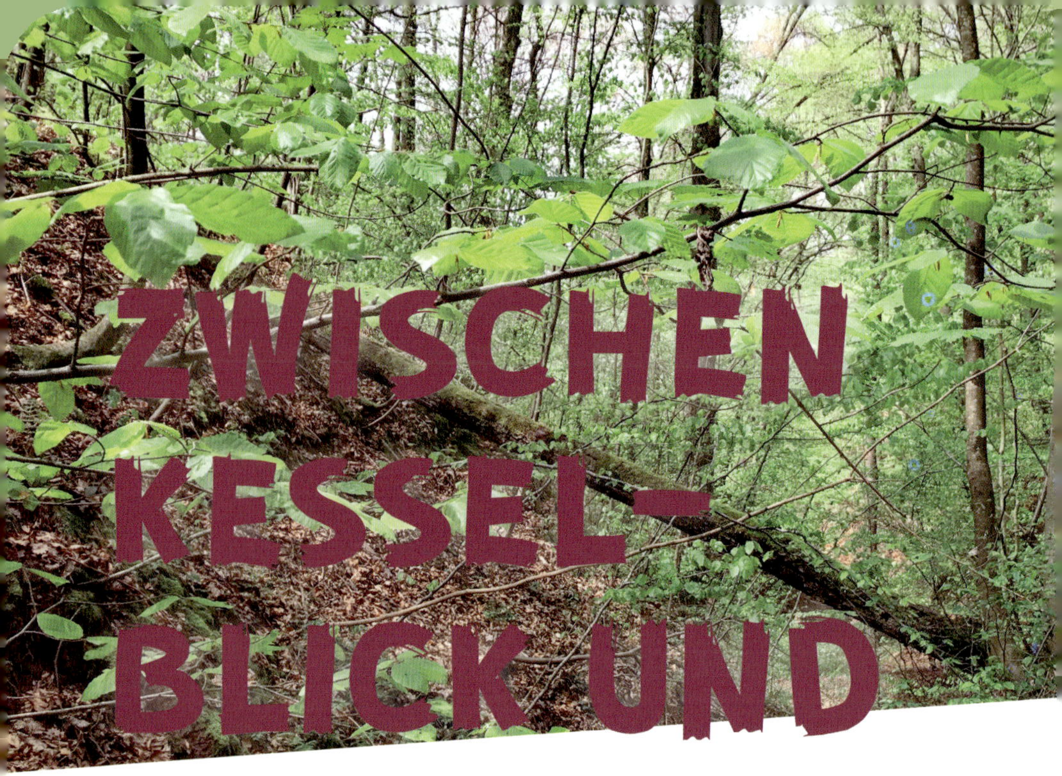

ZWISCHEN KESSEL-BLICK UND GRILLDUFT

... auf dem Stuttgarter Rössleweg

#42

Wasserfälle, Weinberge, Waldluft: Der Rössleweg schlenkert einmal rund um Stuttgart und streift dabei die meisten Sehenswürdigkeiten en passant.

#CannstatterZuckerle #Kesselblick #Grillduft #qualmendeSocken #Biergarten

Erst Wald, dann Wein – immer wieder überrascht der Rössleweg mit tollen Aussichten.

Erst mal einen Überblick verschaffen. Vom Birkenkopf aus sieht der Stuttgarter Fernsehturm aus wie eine Nadel, die im Waldkissen steckt und dort in etwa die Halbzeit dieser Wochenendtour markiert. Ziel der Tour: der Max-Eyth-See. Sicher, die komplette Runde auf dem Rössleweg wäre reizvoll, ist mit knapp 60 Kilometern an zwei Tagen ohne Marathontraining aber kaum zu schaffen. Schließlich soll der Spaß keinesfalls auf der Strecke bleiben.

Der fängt im Dachswald gerade so richtig an: Die Heslacher Wasserfälle an der alten B 14 sind vielleicht eine Nummer kleiner als die Niagarafälle, dafür aber viel romantischer.

Kaskadenartig rauscht das Wasser durch die enge Schlucht.

Hungrig? Im riesigen Garten des Heslacher Waldheims (www.waldheim-heslach.de) findet man sicher ein gemütliches Plätzchen. Ansonsten einfach immer dem springenden Gaul nachlaufen, an der Böblinger Straße rechts in die Schwälblesklinge eintauchen. Dort wird man von der Kraft der Natur in Atem gehalten. Ein paar Höhenmeter später grüßt der Waldfriedhof mit seinen prächtigen alten Bäumen. Auf dem Dornhaldenweg geht's vorbei am alten Feuerwehrhaus wieder in den Wald. Vom Santiago-de-Chile-Platz dann wieder ein großartiger Blick auf den Stuttgarter Stadt-

Eines der Highlights dieser Tour ist die Fahrt mit der historischen Standseilbahn von Heslach zum Waldfriedhof.

kessel. Nach dem Überqueren der Weinsteige klettert der Rössleweg in den Bopserwald. An der Grillstelle wäre Gelegenheit für eine Rast, es lohnt sich aber auch, den kleinen Hunger noch etwas warten zu lassen bis zum Biergarten auf der Wangener Höhe.

Kurz vor Geroksruhe müssen die Vögel kräftig gegen die Filderstraße ansingen, doch kaum ist diese Verkehrsachse überquert, wird es auf der Waldebene Ost wieder angenehm ruhig. Selbst einmal Stuttgart aus der Vogelperspektive sehen? Dann nix wie rauf auf den Fernsehturm. Ein extra Kilometer für den kleinen Abstecher – geschenkt. Der knapp 217 Meter hohe Turm ist nicht nur das Wahrzeichen der Stadt, sondern gilt als Vorbild für derartige Bauten von Tokio bis Toronto – er war weltweit der erste Turm aus Stahlbeton.

Wer müde Füße hat, kann sich das letzte Stück auch einfach sparen und stattdessen mit dem Kleinbus zu Onkel Otto fahren. Die Kneipe heißt wie der ehemalige Besitzer, eine Institution in der Gartenanlage. Schwer zu sagen, was mehr lockt: die XXL-Schnitzel oder der schattige Platz im Biergarten (www.onkelotto-stuttgart.de).

***

Hin & Weg: Bus 92 bis Birkenkopf, zurück mit der U14 ab Max-Eyth-See.

Beste Zeit: Frühjahr bis Herbst.

Dauer & Strecke: Wochenend-Minibreak (auch machbar in zwei Tagesetappen à 17,5 km und 15 km).

Ausrüstung: Evtl. Grillutensilien.

Wenn es Nacht wird: Hotel & Weinstube Ochsen (Wangen), www.ochsen-online.de oder Hotel-Pension Adler (Untertürkheim), www.adler-ut.de

***

Blick in den Kessel.

Stunden später, das Aufstehen fällt schwer. Lohnt sich aber, die Kulisse ist nun eine völlig andere. Und das Panorama lässt einen sämtliche Strapazen sofort vergessen. Der Rössleweg kurvt nun durch die Weinlagen von Rohracker und Hedelfingen, die sich wie ein Amphitheater an den Hang schmiegen. Wie gern würde man jetzt zwischen den Reben biwakieren. Das ist leider nicht ganz legal, weshalb man sich besser eine Herberge am Neckarufer sucht. Oder zurück in die Stadt fährt. Abstecher, Abkürzungen, Abhängen – den Wanderklassiker gibt's auch »to go«.

Am nächsten Morgen startet man dann frisch ausgeruht die zweite Etappe: von Hedelfingen über die Otto-Hirsch-Brücken, die Containerterminals im Neckarhafen rechts liegen lassen, via Obertürkheim nach Untertürkheim – nicht nur während der Besenzeit eine Gegend mit hohem Genussfaktor. Einziger Haken: So früh am Tag hat leider alles noch geschlossen.

FAZIT: ABWECHSLUNGSREICHE TOUR MIT GENUSSVOLLEN PAUSEN AM WEG. MITTEN IN DER NATUR, TROTZDEM JEDERZEIT GUT ANGEBUNDEN.

Also weiter dem Rössle hinterher, über die Bergstaffel Richtung Luginsland, vorbei an Obstplantagen und blühenden Gärten am Rand von Fellbach, unter der Bahntrasse hindurch – und kurz darauf endlich wieder auf und ab in den Weinbergen mit Blick auf den Neckar. Die Reben am Cannstatter Zuckerle wachsen auf Steinterrassen, die so steil sind, dass der Wein nur in mühevoller Handarbeit produziert werden kann. Lust auf ein Glas Wein? In einem der Lokale am schönen Max-Eyth-See gibt's das sogar mit Logenplatz am Wasser. Und für den Rest des Tages heißt es nur noch Dolcefarniente.

BLAUES WUNDER

... vielfältiges Blaubeuren

#43

Magische Farbspiele am Blautopf, Eiszeit-kunst und schwäbische Gemütlichkeit im verträumten Fachwerkidyll. Und wer weiß, was an diesem verwunschenen Ort noch alles zum Vorschein kommt?

Der kürzeste Weg zur vielleicht schönsten Karstquelle Deutschlands beginnt direkt am Kloster. Diese Idee haben vor allem am Wochenende aber auch Hunderte andere, die von den Bussen am Parkplatz ausgespuckt werden. Unter der Woche hat man das Naturwunder dagegen fast für sich allein. Verfehlen wird man den Blautopf ohnehin nicht, einfach der blauen Kanne mit dem gelben Pfeil durch die mittelalterlichen Gassen der Altstadt folgen. Drumherum führt ein schmaler Weg, über den man auch zum Nägelesfels aufsteigen könnte, um einen noch besseren Blick zu erhaschen. Doch der ist auch schon von unten bezaubernd. Smaragdgrün, Türkis, Kobaltblau – und gefühlt hundert Nuancen dazwischen –, der Blautopf lässt sich nicht auf eine Farbe festlegen. Immer wieder, mit jedem Schritt, mit jedem Sonnenstrahl, der durchs

Laub dringt, schimmert das Wasser ein wenig anders. Wie nicht von dieser Welt, da wundert es kaum, dass sich die Sage hier hartnäckig hält, am Ufer erinnert sogar eine Steinskulptur an die Wassernixe, die sich in der Tiefe manchmal blicken lassen soll. Die eigentliche Quelle des Flüsschens Blau, das später in die Donau mündet, liegt in fast 22 Meter Tiefe, verbunden durch ein unterirdisches Höhlensystem von mehr als 13 Kilometern Länge. Mehr darüber erfahren? Im Urgeschichtlichen Museum zeigt der Kurzfilm »Dunkelblau – die Farbe der Nacht« faszinierende Aufnahmen der Höhlenexperten.

Rund um Blaubeuren entdeckten Forscher in anderen Höhlen Kunstwerke, die mehr als 40 000 Jahre alt sind – das ganze Gebiet gehört zum UNESCO-Weltkulturerbe. Auf

Smaragdgrün, Türkis, Kobaltblau – und gefühlt hundert Nuancen dazwischen –, der Blautopf ist einfach magisch.

dem »Eiszeitjägerpfad« kann man selbst zu den Höhlen mit den ältesten Kulturfunden der Welt wandern und den herrlichen Blick über das Ur-Donautal genießen, atemberaubend ist der Abstieg in die Laichinger Tiefenhöhle. Lieber hoch hinaus? Die schönsten Aussichtspunkte rund um Blaubeuren lassen sich auf dem »Blaubeurer Felsenstieg« erwandern. Lohnenswert ist ein Besuch bei der »Venus vom Hohle Fels« im Urgeschichtlichen Museum, und die Fahrt mit dem Blautopfbähnle sollte man sich ebenso wenig entgehen lassen. Einfach nur ein bisschen bummeln? Dann lohnt ein Spaziergang durch das alte Gerberviertel, wegen seiner Kanäle auch Klein-Venedig genannt, mit malerischen Ecken und spätmittelalterlicher Atmosphäre.

Für die kleine Pause zwischendurch finden sich in den verwinkelten Gassen von Blaubeuren hübsche Cafés und Gaststuben.

FAZIT: STAUNEND BEWUNDERN, WAS NATUR UND MENSCH VOR UNGLAUBLICH LANGER ZEIT GESCHAFFEN HABEN, DEN FINGER NONSTOP AUF DEM AUSLÖSER DER KAMERA.

Hin & Weg: Mit dem Auto auf der A8 über Kirchheim/Teck, mit dem Zug über Ulm nach Blaubeuren.

Beste Zeit: Ganzjährig.

Dauer: 1 bis 2 Tage.

Ausrüstung: Evtl. Wanderschuhe und Fernglas.

Wenn es Nacht wird: Das Hotel Ochsen bietet verschiedene Wochenendarrangements an, siehe www.ochsen-blaubeuren.de.

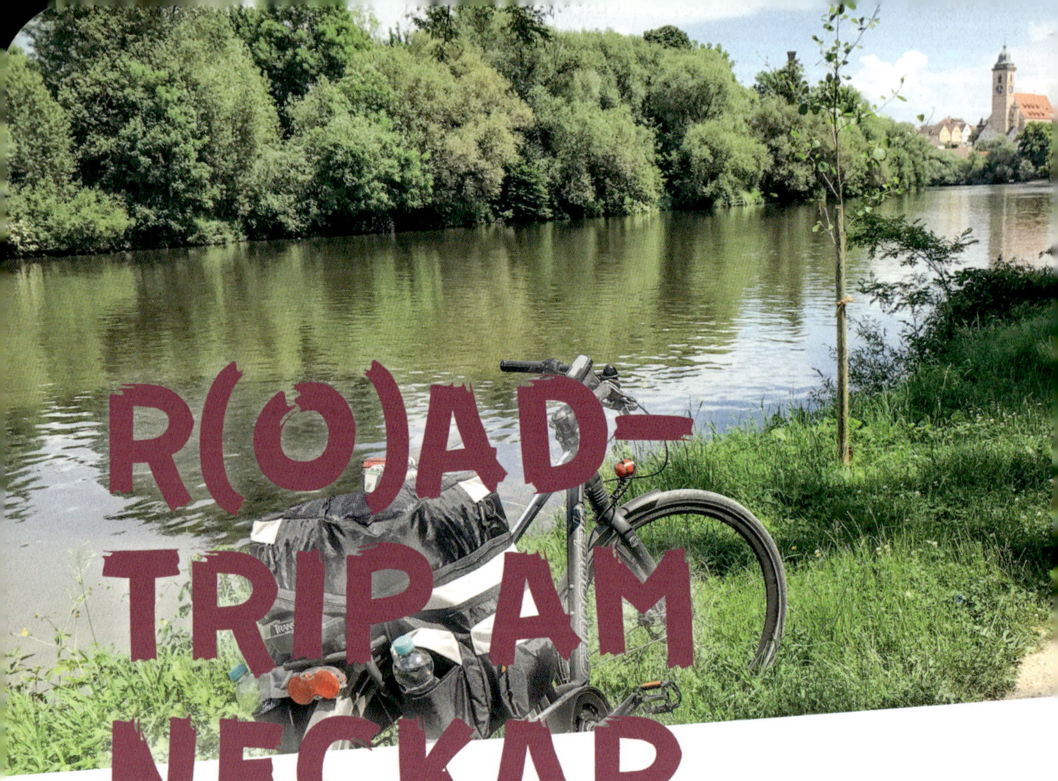

R(O)AD-TRIP AM NECKAR

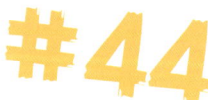

... flussabwärts von Tübingen nach Marbach

#44

Tübingen, Nürtingen, Esslingen – wie Perlen reihen sich malerische Fachwerkstädte am Neckartal-Radweg. Dazwischen Weinberge, Weizenfelder, Wiesen und seltene Wasservögel. Klingt nach einer echten Genusstour? Ist es auch.

#Drahtesel #SUP #Schlauchboot #SOS #Ludwigsburg #GaultMillau

Eine herrliche Landschaft, genussvolle Pausen und nette Bekanntschaften sind am Neckartal-Radweg garantiert.

Vom Bahnhof in Tübingen ist man in Null-kommanix an der Eberhardsbrücke und damit auf dem Neckartal-Radweg. Was aber schade wäre, denn die Altstadt ist zu hübsch, um sie einfach links liegen zu lassen. Allerdings auch so verlockend, dass man eventuell nicht so schnell wieder in die Gänge kommt.

Der sehr gut markierte Radweg führt aus der Stadt hinaus, durch Wiesen und an mohnge-säumten Weizenfeldern vorbei, mal links, mal rechts vom Fluss. Bald lockt die erste Bade-möglichkeit. Die ersten dreißig Kilometer ver-gchen wie im Flug, was sicherlich daran liegt, dass die Strecke fast keine Steigung hat, wes-

wegen man die Landschaft umso mehr genie-ßen kann.

Zeit für die erste Pause in Nürtingen. Nach dem Unterqueren der Brücke nicht dem offizi-ellen Weg folgen, sondern am Neckar bleiben bis zum Ruderclub. Wer will, kann sich hier im Stand-up-Paddeln auf dem Neckar versuchen. Kriegen selbst Anfänger hin – und wenn nicht, gibt's die Erfrischung gratis dazu. Gut also, Wechselklamotten im Gepäck zu haben.

Bis zur Altstadt sind es nur ein paar Minuten, und auch die sollte man sich nicht entgehen lassen: die alte Lateinschule, Laurentiuskir-

Selbst die Brücke über den Neckar in Esslingen ist im Fachwerkstil gebaut. Die Altstadt wirkt wie aus einem historischen Bilderbuch: Obertor, Markt, enge Gassen mit rosenumrankten Häusern.

che, Salemer Hof, das Rathaus, in dem früher auch Markt gehalten wurde. Richtig romantisch wird es ab der Schlossberggasse, wo die Häuser alle ein bisschen windschief, aber gerade deshalb sehr charmant aussehen. Wer vor dem Weiterfahren noch eine Kleinigkeit essen möchte, findet in der Brasserie von Christian Belser (www.belsers.com) ausgezeichnete Gerichte aus frischen Zutaten.

Auf dem Weg nach Plochingen können am Aileswasensee die Badesachen zum Einsatz kommen. Oder man fährt direkt weiter bis zur Holzbrücke am Ortseingang und wechselt ins Schlauchboot, um ein paar Runden auf dem Neckar zu drehen. Viel zu sehen gibt's außer dem Hafen allerdings nicht, Spaß macht es trotzdem. Das Hundertwasserhaus selbst kann man

nicht besichtigen, aber die Ausstellung in der Galerie der Stadt, Marktstraße 36 (Plochingen-Info), hat bis 17 Uhr geöffnet. Raus aus der Stadt, der Radweg folgt nun wieder direkt dem Neckarlauf. Im Naturschutzgebiet Bruckwasen tummeln sich unglaublich viele seltene Wasservögel, dann ist man auch schon bald in Esslingen. Praktischerweise sind die Hotels mit einem eigenen Leitsystem direkt am Radweg ausgeschildert. Die Altstadt ist auch hier ein Must-see: Obertor, Markt, Weinstuben, enge Gassen, hübsch getünchte Häuser, an denen blühende Rosen bis in den ersten Stock klettern.

Ausgeruht geht's am nächsten Morgen weiter nach Ober- und Untertürkheim, entlang beeindruckend steiler Weinberge durch Bad

Cannstatt zum Max-Eyth-See und weiter nach Remseck, wo die Rems in den Neckar mündet.

Noch ein paar Kilometer weiter, in den Zugwiesen bei Ludwigsburg, entstand vor ein paar Jahren ein richtiges Naturparadies. Es flattert und summt, allein mehr als 30 verschiedene Arten Libellen leben hier, von kobaltblau bis feuerrot. Stieglitz, Blässhuhn und Graugans lassen sich in den bunten Wiesen am Ufer beobachten, mit etwas Glück auch das Eisvogelpärchen, das auf einer kleinen Insel brütet. Der Zugwiesenbach wurde vom Neckar »abgezweigt«, und auf der eigens angelegten Fischtreppe schaffen es Nase, Barbe und Forelle nun wieder flussaufwärts zum Laichen. Man kann sich kaum losreißen von dieser Idylle, die herrlich wild, aber leider nicht immer einsam ist.

Ein hübsches Plätzchen zum Lunch findet sich in Alt-Hoheneck, im Gasthof Krone, bei schönem Wetter auf der Terrasse am Neckar. Feine, regionale Küche, charmantes Ambiente. Wie wär's mit pochiertem Filet vom Ahrenhorster Edelwaller mit Riesling-Graupenrisotto? Oder Rostbratenzipfele mit Bergkäseflocken? Für den Rückweg gibt's zwei Optionen: Direkt nach Ludwigsburg (evtl. noch mit Stopp im Blühenden Barock) zum Bahnhof und mit der S-Bahn nach Stuttgart fahren, oder bis Marbach weiterradeln und von dort zurück. Wer vor 15 Uhr dort ist, kann samt Rad mit dem Schiff zurückfahren.

Hin & Weg: Start in Tübingen, zurück aus Ludwigsburg oder Marbach, An- und Abreise am besten mit dem Metropolticket des VVS.

Beste Zeit: Frühjahr bis Herbst.

Dauer: 2 Tage.

Ausrüstung: Fahrräder, Wechselklamotten, Badesachen, evtl. Fernglas.

Wenn es Nacht wird: Hotel am Schillerpark, Esslingen, www.hotel-am-schillerpark.de

FAZIT: RELAXTE TOUR AM NECKAR MIT KLEINEN ACTION-EINLAGEN AUF DEM FLUSS UND KULINARISCHEN PAUSEN ABSEITS DER PISTE. UND DAS BESTE: MAN RADELT IMMER LEICHT BERGAB.

SCHÄFCHEN ZÄHLEN

 ... Romantik auf der Ostalb

 **#45**

Schafe grasen auf schier endlosen Wacholderheiden, Felsnadeln verzaubern die Ufer der Brenz, dazu ein Meteor, der in die Landschaft krachte und einen riesigen Krater schuf – die Ostalb bei Heidenheim ist ein echter Geheimtipp für eine genussvolle Auszeit.

#Biber #Hüttenluxus #BIBGourmand #Ostalblamm #Meteorkrater #Albleben

Nicht nur für Romantiker das reinste Vergnügen: Die Brenz auf der Ostalb lockt mit Blumen, zauberhaften Tälern und viel, viel Grün.

Eins vorweg: Am besten gleich loswandern, andernfalls kann es passieren, dass man gar nicht mehr in die Puschen kommt. Doch dazu später … Die erste Etappe, fünfte Etappe des Albschäferweges, beginnt am Schafhof Smietana in Steinheim (den Transfer von Zang organisiert die Familie Widmann auf Wunsch), wo mehr als 600 Merinoschafe leben. Seit dem 15. Jahrhundert ziehen die Wanderschäfer an der Brenz über die Alb. Wer will, kann sich im Hofladen mit Wollsocken oder Lammwürsten versorgen, bevor es auf einem alten Schaftrieb zur Hitzinger Steige geht. Die offene Landschaft, gesprenkelt mit dunkelgrünem Wacholder und leuchtend gelben Ginsterbüschen, gibt den Blick frei auf Steinheim. Der Ort kuschelt sich in einen un-

fassbare 20 Kilometer großen Krater, den vor Millionen von Jahren ein Meteor geschlagen hat. Am Waldrand entlang, vorbei an alten Buchen, auf Wiesenwegen über den Zanger Berg zur Hohen Steige. Sanfte Hügel, Kräuter, weiße Margeriten, rosa Wiesenknöterich und roter Klatschmohn – überall grünt und blüht es wie wild.

Gemächlich auf und ab, niemals steil, kommt man an einen Parkplatz und von dort ins Wental. Am Wochenende wuseln ganze Großfamilien zwischen Grillstellen und Picknickdecken hin und her, die Wiesen werden zum Spielfeld, der Duft von gebratenen Würstchen zieht in die Nase. Kein Wunder, dass das Wental so beliebt ist, an die dreißig bizarre Dolomit-Felsen

Als ob ein Riese mit Bauklötzen gespielt hat: bizarre Felsen im Wental (links). Das Eselsburger Tal liegt zwar nicht direkt an der Strecke, ist aber einen Besuch nach der Tour unbedingt wert (rechts).

verleihen ihm ein märchenhaftes Aussehen. Kein Proviant dabei? Macht nix, bis Zang sind es nur noch knappe vier Kilometer – und dort wartet der wunderbare Biergarten von Widmanns. Hier sitzt man herrlich im Schatten der Bäume mitten in der Natur. Unbedingt probieren: Opa Herrmanns Schinkenwurstteller.

Und dann relaxen. Gar nicht so einfach zu entscheiden, wo: im luxuriösen Alb-Chalet, das einmal ein Forsthaus war, oder im urigen Wagen, in dem einst die Holzfäller ihre Sägen schärften und sich aufwärmten. Die Miniwerkstatt hat sich in ein Bad mit Dusche und WC verwandelt, und auch sonst ist an alles gedacht: gekühlter Wein, viele Kissen, Heizung, WLAN, Fernseher, den Wahnsinns-Sternenhimmel gibt's gratis dazu.

Überschüssige Kalorien verschwinden ganz von allein am zweiten Tag auf der sechsten Etappe des Albschäferweges von Zang über die Ruine Herwartstein zum Itzelberger See. Lohnt sich: ein kurzer Abstecher zur Brenzquelle in Königsbronn, die sich nicht entscheiden kann, ob sie blau oder grün oder türkis schimmert. Kleine Fische schwimmen munter zwischen den Wasserpflanzen im Brenztopf, in dem sich die Bäume spiegeln – was für ein Farbenspiel.

Vom Stausee dann einfach dem Schäferzeichen folgen über den Albuch zurück nach Zang.

Schon gewusst, dass die Albküche ziemlich kreativ sein kann? Das Ostalblamm, das Andreas Widmann zubereitet, ist einfach köstlich.

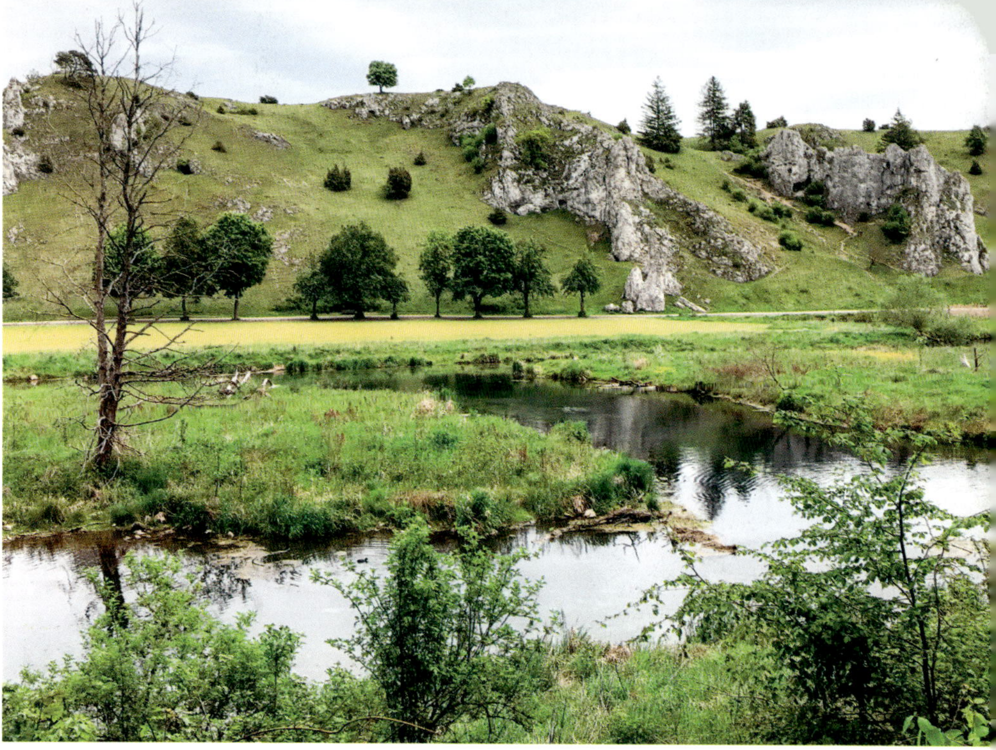

FAZIT: EINE LANDPARTIE VOM ALLERFEINSTEN – WER DA FÜR DEN KLEINEN URLAUB ZWISCHENDURCH NOCH IN DIE FERNE SCHWEIFT, IST NUN WIRKLICH SELBST SCHULD.

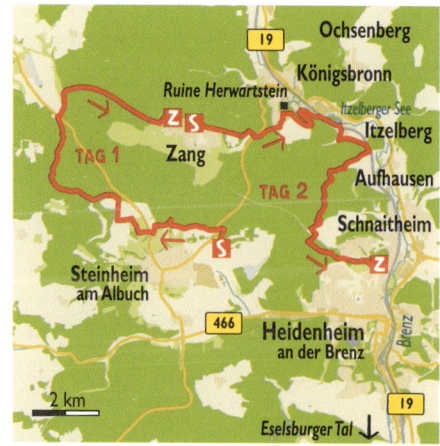

Hin & Weg: B10 via Göppingen oder B29 via Schwäbisch Gmünd nach Königsbronn-Zang.

Beste Zeit: Ganzjährig.

Dauer: 2 oder mehr Tage (wenn noch Zeit ist, unbedingt ins Eselsburger Tal gehen).

Ausrüstung: Nix Besonderes.

Wenn es Nacht wird: Albwiesen- oder Sternengucker-Chalet, alternativ Holzfäller-Wagen im Alb-Style, alle in Königsbronn-Zang. (www.widmanns-chalets.de)

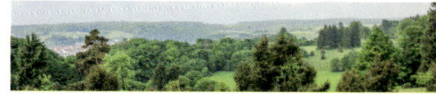

WANDERFLUSS UND BERGGENUSS

≶ ... an und in der Murg im Schwarzwald ≶

#46

Bunte Wiesentäler, dunkle Karseen, rauschende Wälder – so kennt man das Wanderparadies Schwarzwald. Ein bisschen wilder gefällig? Geht auch, beim Flussbettwandern in der Murg – ein echter Balanceakt.

#Flussbettwandern #Balanceakt #nasseFüße #strammeWaden #Teichrosen

Brücke im Tonbachtal.

Zwei Stunden für einen Kilometer, soll das ein Scherz sein? Ganz im Gegenteil. Das hier ist schließlich keine gewöhnliche Tour, sondern Flussbettwandern. Denn anders als sonst geht's hier nicht Schritt für Schritt voran. Balancierend, den nächsten Stein suchend, hüpfend und springend, manchmal auf allen Vieren kraxelnd sucht man sich seine Route durch das Flussbett im üppig grünen Murgtal. Über kleine Steine, über bemooste und über solche, die aussehen, als hätte bis eben noch ein Riese mit seinen Murmeln gespielt, so rund geschliffen wurden sie im Lauf der Zeit. Andere sind ausgehöhlt, als hätte jemand einen Bohrer durch den Fels gejagt. Man kann sich die Kraft des Wassers gut vorstellen, wie es nach dem Winter durch das Tal schießt. Im Sommer dagegen gurgelt die Murg nur noch zwischen den Steinen. Dann ist die beste Zeit für eine Flussbettwanderung. Und die größte Chance, trockenen Fußes ans Ziel zu kommen. Bei höherem Pegelstand nach einem Regenguss hält man sich einfach näher am rechten Ufer. Angenehm kühl ist es im Fluss, herrlich grün und wildromantisch.

An der Einstiegsstelle in der Kurve beim leer stehenden Hotel Wasserfall führt ein schmaler Trampelpfad hinunter zur Murg, und an der Brücke Kaltenbach hilft ein fixiertes Seil beim

Genuss für alle Sinne im Tonbachtal: blühende Wiesen und Mini-Wasserfälle (links und rechts). Am Schluss der Tour dann ein zünftiges Vesper auf der Hütte (ganz rechts).

der Hütte vespern (www.panoramastueble.de). Praktischerweise führt der Rückweg an einem der typischen Schnapsbrunnen vorbei. Vis-à-vis vom Wanderhotel geht's über Silberberg zum Huzenbacher See. Dunkel und still liegt der Karsee zwischen den hohen Felswänden. Ein Traum im Juni/Juli, wenn gelbe Teichrosen das Wasser in ein Blumenmeer verwandeln.

Man möchte sich kaum lösen von diesem Ort, doch bei dieser Tour reiht sich ein Highlight ans andere: der Seeblick auf 916 Metern, das Hochmoor, leuchtend gelbe Ginsterbüsche, ein Wald wie im Märchen. Der Wind biegt leise rauschend die Baumkronen. Es riecht nach Tanne und Kiefer, warme Luft mischt sich mit dem Duft von Moos, das sich wie ein grüner Samtteppich über den Waldboden legt. Auf schmalen Pfaden geht's hinein ins Tonbachtal. Der Bach murmelt erst als Rinnsal, wird allmählich breiter, dann weitet sich das Tal. An der Liegewiese gibt es die Chance, die Tour mit einer Stärkung in der herrlich am Hang gelegenen Blockhütte der Traube Tonbach

Ausstieg, den auch Ungeübte problemlos meistern. Für den Rückweg die Eisenbahnbrücke überqueren und nach links flussabwärts laufen bis zur hübschen Brücke am Wasserfallhotel. Zum Parkplatz am Bahnhof wieder die 400 Meter entlang der Straße gehen.

Wer mit der Bahn unterwegs ist, biegt in der Kurve am Wasserfallhotel Richtung Ort ab und kommt direkt zur Murgleiter. Alle anderen fahren die sechs Kilometer nach Schwarzenberg mit dem Auto und parken am Nachtlager beim Hotel Löwen. Dort startet am nächsten Morgen die Tagestour auf der Murgleiter bis Baiersbronn. Gut frühstücken, denn die 24 Kilometer haben es in sich. Kleiner Tipp: Die Ehrenrunde über das Panoramastüble bereits am Vorabend laufen (spart reichlich eine Stunde) und mit traumhafter Schwarzwald-Aussicht in

Hin & Weg: IC bis Karlsruhe, dann Regional-Express Richtung Freudenstadt bis Raumünzach/Baiersbronn oder mit dem Auto A81 und B294/B462, Parken am Bahnhof Raumünzach.

Beste Zeit: Ende Mai bis September (Murgleiter ganzjährig bei gutem Wetter); Panoramastüble bis 18 Uhr, Sattelei bis 17 Uhr.

Dauer: 2 oder mehr Tage.

Ausrüstung: Wechselklamotten, wasserfeste Wanderschuhe mit gutem Profil.

Wenn es Nacht wird: Gasthof Löwen, Baiersbronn-Schwarzenberg, www.loewen-schwarzenberg.de

(www.traube-tonbach.de/de/blockhuette) ausklingen zu lassen. Oder aber – mindestens genauso lohnend – weiter zur Sattelei wandern und in der Wanderhütte des Hotels Bareiss (www.bareiss.com/sattelei) einen Murgtaler Wurstalat oder Bibbeleskäs genießen. Von dort sind es noch drei Kilometer zum Bahnhof Baiersbronn.

> **FAZIT: WILD, ROMANTISCH, ABWECHSLUNGS-REICH. GENUSSVOLLES WANDERWOCHEN-ENDE MIT EINEM SCHUSS ACTION FÜR ALLE, DIE ES GERN ETWAS SPORTLICHER ANGEHEN.**

STILL RUHT (NICHT NUR) DER SEE

 ... durchatmen am Ebnisee

#47

Einst wurde er angestaut, um Stuttgart per Floß mit Brennholz zu versorgen. Heute pilgern vor allem Ruhesuchende zum Ebnisee im Naturpark Schwäbisch-Fränkischer Wald. Cool down auf gut Schwäbisch.

Romantische Mühle im Naturschutzgebiet Wiesentäler.

Ankommen, die frische Luft atmen, am besten bei einer Runde um den See mit Abstecher zur Gallengrotte, einem Naturdenkmal aus großen Felsen. Kleine Siesta am See, auf der Luftmatratze über das Wasser treiben und den halben Nachmittag verdösen. Herrlich. Ursprünglich wurde der Ebnisee angestaut, um die Landeshauptstadt mit Brennholz zu versorgen. Mit dem Ausbau der Eisenbahntrassen endete die Flößerei im Schwäbischen Wald. 1884 wurde

Durch den Schwäbischen Wald spazieren oder im kristallklaren Wasser des Ebnisees schwimmen? Beides!

der See erneut angestaut, als Hochwasserschutz – und bald beliebtes Ausflugsziel.

Doch so schön der Ebnisee ist, nur zum Faulenzen ist die Gegend eigentlich zu schade. Denn dann würden einem beispielsweise die romantischen Mühlen im Naturschutzgebiet Wiesentäler entgehen, die ein acht Kilometer langer Rundweg verbindet. Der startet am Parkplatz bei der Heinlesmühle, folgt dem Mühlensymbol auf einem Bohlenweg zur Menzlesmühle, weiter zum Brandhöfle, und über die Hundsberger Sägemühle geht's zurück. Die Auen sind im Frühsommer bunt bekleckst mit Knabenkraut und Trollblumen, ein Rotmilan segelt durch die Luft, manchmal lässt sich sogar ein Schwarzstorch blicken. Richtig romantisch wird es kurz vor Sonnenuntergang, wenn die Grillen ein vielstimmiges Konzert geben, es summt und zirpt am Wiesenbach, dass es die reinste Freude ist. Später in der Flößerstub des Hotels am Ebnisee den Tag Revue passieren lassen und den eigens kreierten Naturparkteller genießen (das Wildschwein in Schwarzbier-Honigsoße schmeckt köstlich), dazu ein Viertel Wein. Oder auch zwei.

Am Sonntagmorgen lohnt ein Spaziergang zu den Kräuterterrassen in Kaisersbach, jeweils um 11 Uhr startet ein kleiner Workshop. Es spricht aber auch nichts gegen einen weiteren Badetag, für den sportlichen Aspekt sorgt eine Ruderbootpartie.

Tipp: Auch im Winter zauberhaft zum Schlittschuhlaufen auf dem zugefrorenen See.

FAZIT: WASSER, WALD, MÜHLEN. SPAZIEREN, TREIBEN LASSEN IN DER NATUR – IDEAL FÜR EINEN WOCHENENDAUSFLUG, BEI DEM MAN RICHTIG ABSCHALTEN KANN.

Hin & Weg: Mit dem Auto auf der B14 via Winnenden oder B29 via Schorndorf; S2 bis Schorndorf, dann Bus R21/228 über Rudersberg bis Kaisersbach/Ebnisee.

Beste Zeit: Ganzjährig; am Mühlentag (Pfingstmontag) sind viele Mühlen in Betrieb, Besichtigung ab 11 Uhr.

Dauer: 1 bis 2 Tage.

Ausrüstung: Badesachen, Decke, evtl. Luftmatratze.

Wenn es Nacht wird: Naturparkhotel am Ebnisee, www.naturpark-hotel-ebnisee.de.

ON THE BEACH

⇒ ... Strandleben kurz hinter Heilbronn ⇐

#48

*Die Füße in den Sand stecken, im meer-
blauen Wasser eine Runde schwimmen,
abends auf der Uferpromenade spazieren,
ein Glas Wein und mediterranes Flair genießen – das geht viel näher als gedacht:
am Breitenauer See, östlich von Heilbronn.*

Ganz nach Lust und Laune: Beach-Volleyball spielen, baden, segeln, surfen, angeln, joggen, chillen – und auf der oberen Liegewiese darf sogar gegrillt werden.

Freitag, endlich Wochenende! Sonnenschein, das Thermometer verlangt Hitzefrei. Bei diesem Badewetter gibt es nur ein Ziel: Strand! Badeklamotten, check. Luftmatraze, check. Kühlbox, check. Statt an irgendwelchen Mautstellen zu versauern, braucht man weniger als eine Stunde bis zum Breitenauer See. Der liegt umgeben von Weinhängen und sanften Hügeln im Naturpark Schwäbisch-Fränkischer Wald. Ideal für alle, die nicht nur am Strand brutzeln möchten, sondern ein bisschen wandern oder radeln. Vom See führt ein Weg direkt ins Paradies, so heißt eine der Weinlagen im Nachbarort Eschenau, mit herrlichem Panoramablick auf das Obere Sulmtal. Wem das zu weit ist, der spaziert einfach die vier Kilometer lange Runde auf dem Uferweg durch das Landschaftsschutzgebiet. Und sonst so? Beach-Volleyball spielen, baden, segeln, surfen, angeln, joggen, chillen … geht alles, ganz nach Lust und Laune. Die gepflegte grüne Liegewiese ist riesig, da findet sich auch bei schönstem Wetter ein ruhiges und schattiges Plätzchen. Das Wasser ist klar, und in der flachen Bucht kann man sich herrlich treiben lassen. Oder am Bootshaus eines der Bade- oder Tretboote mieten. Wer über Nacht bleiben will, kann im Schlaf-Fass oder in einem der Bungalows schlafen. Und vorher beim Griechen im Seerestaurant (www.seerestaurant-dergrieche.de) einen Oktopus-Salat und einen Rosé genießen mit Blick auf die Löwensteiner Berge. Wer sagt denn, dass es Dolce Vita nur im Süden gibt?

Hinweis: Baden ist derzeit nicht möglich. Der Breitenauer See wird saniert und das Wasser wurde abgelassen. Die Badesaison wird frühestens im Frühling 2023 wieder eröffnet.

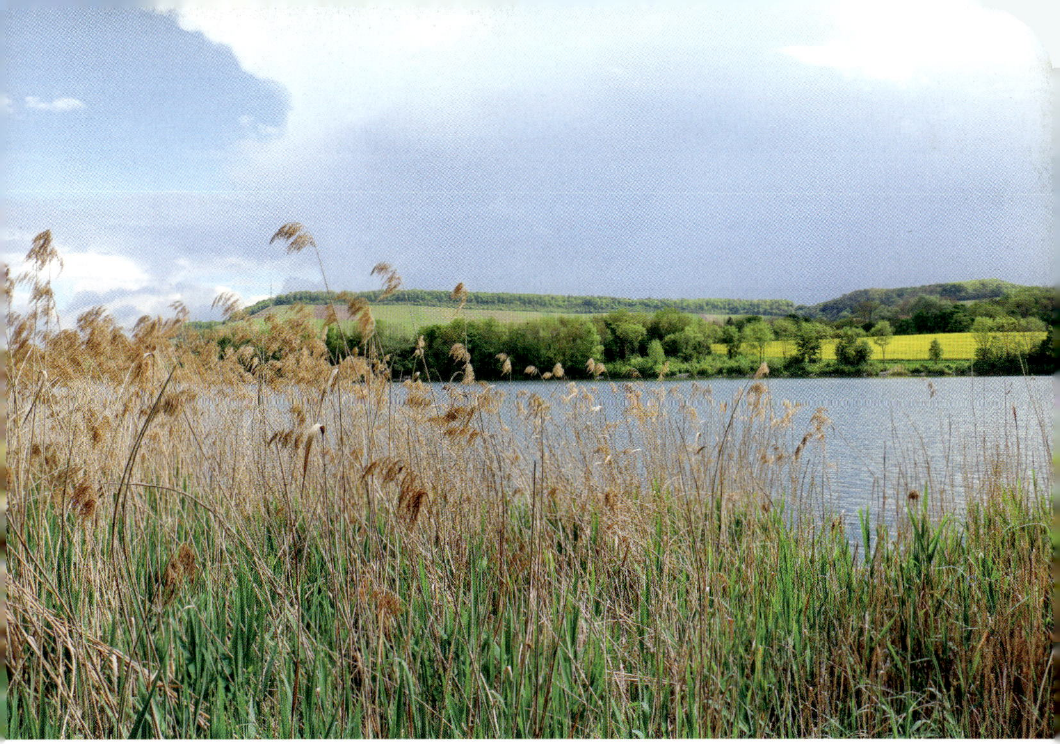

FAZIT: SPONTANER MINI-STRANDURLAUB MIT FREUNDEN, ZU ZWEIT ODER ALLEIN, DER SICH ANFÜHLT WIE FERIEN AM MITTELMEER – GARANTIERT EINEN TEINT, DER DIE KOLLEGEN IM BÜRO VOR NEID ERBLASSEN LÄSST.

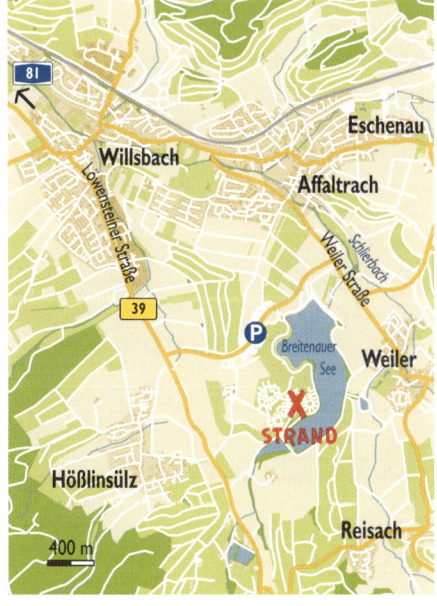

Hin & Weg: A81 bis Ausfahrt Weinsberg/Ellhofen, dann B39 Richtung Löwenstein.

Beste Zeit: Sommer! (15.4.–30.9. Hundeverbot am Badestrand, auf dem Campingplatz selbst sind Hunde aber erlaubt.)

Dauer: 2 oder mehr Tage.

Ausrüstung: Badesachen, Decke, evtl. Zelt und Luftmatratze.

Wenn es Nacht wird: Schlaf-Fass oder Zelt auf dem Campingplatz, www.breitenauer-see.de

---

HOHEN-LOGISCH

>⁀... auf einer Radtour in Hohenlohe ⁀<

#49

Schon mal auf die »Schiefe Ebene« geraten? Macht im Hohenlohe richtig Spaß. Und zwar ganz legal – auf einer Radtour, die so einiges in petto hat: Natur, Kunst, Wein und Geschichte.

Hohenloher Spezialität: Boeuf de Hohenlohe, das Fleisch der rotbraunen Rinder.

Knapp hundert Kilometer schlängelt sich der Radrundweg durch die Region nordöstlich von Stuttgart. Wer nicht so sattelfest ist, kann sich in Öhringen ein Pedelec leihen und die Tour noch entspannter angehen, als sie ohnehin schon ist. Die zwei Kilometer von Öhringen zum Startpunkt nach Pfedelbach sind schnell gemeistert, der kleine Ort leistet sich sogar ein eigenes Weinbaumuseum. Ein schnelles Foto vom strahlend weißen Wasserschloss, und schon lockt ein paar Dörfer weiter ein Abstecher nach Waldenburg, am höchsten Punkt der Tour.

Renaissance-Schloss, Fachwerkhäuser, Türme und Reste der Bastei prägen die kleine, mittelalterliche Stadt. Auch ein nettes Fotomotiv: ein Selfie auf der »Null-Bock-Bank« vorm Rat-

haus. Vom Stauferturm schweift der Blick beinahe endlos weit über Äcker, Wiesen und Wälder. Die »Schiefe Ebene« ist mehr schief als eben. Es ist kaum einmal richtig steil, aber etwas Auf hier und ein bisschen Ab dort summieren sich am Ende doch. Wer also behauptet, Hohenlohe sei eine Ebene, liegt daneben. Schief eben. Hohenloher Logik, alles klar?

Bei Brachbach überquert der Radweg die A6. Doch nur Minuten später pfeift einem statt dem Verkehr nur noch der Fahrtwind um die Ohren. Hin und wieder bellt ein Hund, tönt eine Kirchturmglocke, rascheln Weizen und Mais am Weg. Üppige, bunte Bauerngärten vor den Häusern wechseln mit Kirsch-, Birnen-, Apfel- und Pflaumenbäumen am Straßenrand – in Dörfern, die noch würzig nach Landleben duften. Das Ziel der ersten Etappe kommt in Sicht: Künzelsau. Kopfsteinpflasteridyll, enge Gassen in der Altstadt. Die Hauptstraße mit alten Fachwerkhäusern führt direkt zum Kocher und den Werthwiesen. Tipp fürs Nachtquartier: das Hotel Anne-Sophie. Denkmalgeschütztes Gebäude, geschmackvoll mit

Blick von Waldenburg auf die Hohenloher Ebene.

Kunst ausstaffiert, aber das, was das Haus ausmacht, ist sein Konzept: Menschen mit und ohne Handicap arbeiten Hand in Hand, jeder so, wie er kann. Unaufgeregt und herzlich!

Am nächsten Morgen beim Start in Künzelsau muss man zunächst kräftig in die Pedale treten, doch dann schlenkert der Radweg wenig anstrengend aus der Stadt hinaus, vorbei am Museum Würth (lohnt sich), gemütlich von Dorf zu Dorf. Beinahe nach jeder Kurve wechselt die landschaftliche Szenerie, mal wogende Dinkelfelder, mal grasen die berühmten Hohenlohe-Rinder auf saftigen Wiesen. Am Horizont zeichnet sich die Silhouette von Waldenburg ab. Kurz vor Zweiflingen lädt die Waldschänke Friedrichsruhe zur Rast. Gestärkt geht's später über Siebeneich (eines von drei Energiedörfern in Hohenlohe) nach Bretzfeld und von dort entlang der Weinhänge zurück nach Öhringen.

FAZIT: EINE ENTSPANNTE TOUR DURCH FELDER, WIESEN UND MALERISCHE ORTE, MIT KUNST- UND GENUSSVOLLEN PAUSEN AM WEGESRAND.

Hin & Weg: A81/A6 bis Ausfahrt Öhringen; mit der Regionalbahn via Heilbronn nach Öhringen.

Beste Zeit: Frühjahr bis Herbst.

Dauer & Strecke: 2 Tage, 104 km.

Ausrüstung: Fahrräder. Fahrradmuffel leihen einfach ein E-Bike, dann macht's doppelt Spaß.

Wenn es Nacht wird: Hotel Anne-Sophie in Künzelsau, www.hotel-anne-sophie.de

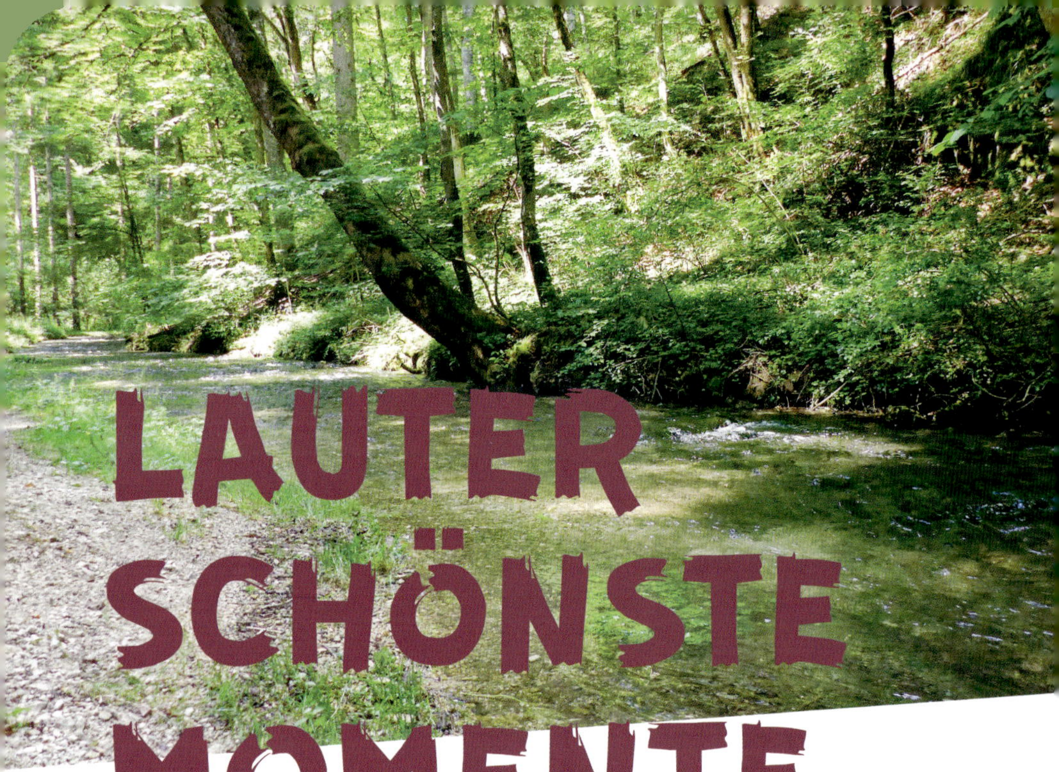

LAUTER SCHÖNSTE MOMENTE

… an der Lauter mit dem Rad

#50

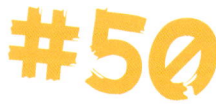

Wacholderheiden, Burgruinen, Bootsfahrt in einer Höhle, ein Flüsschen, das wild und munter durch die Landschaft kurvt – das Lautertal ist ganz großes Kino. Ab aufs Rad, rein ins Albleben, und dann stilecht im Schäferwagen schlummern.

#WimsenerHöhle #Burgblick #Albschnecke #Schäferwagen #Bauernhof

Blick von der Burgruine Hohengundelfingen
ins Lautertal

Eine Radtour auf der Schwäbischen Alb, bei der das Höhenprofil an einigen Stellen fast senkrechte Linien aufweist. Hab' ich eigentlich noch alle Tassen im Schrank? Halb so wild, versichert der E-Bike-Verleiher am Münsinger Bahnhof. Man müsse kein Radprofi sein, denn dank einer 500 Watt starken Antriebshilfe lässt sich selbst die heftigste Steigung mit einem Lächeln im Gesicht meistern.

Nach einem ersten kleinen Anstieg über die Fauserhöhe kommt bald die Lauter in Sicht. Der Nebenfluss der Donau schlängelt sich in kleinen Schleifen durch das Tal, gesäumt von Wald und steilem Karstgestein, mitten durch die Kernzone des Biosphärenreservats.

An diesen Stellen wird die Natur sich selbst überlassen und damit besonders geschützt. Hier entsteht Urwald von morgen. Vor einigen Jahren kam auch der Biber zurück, der fast ausgerottet war, nicht zuletzt wegen seines begehrten Fells. Heute baut er an der Lauter wieder Burgen und Dämme, sorgt für Artenvielfalt. Bei Gundelfingen der erste Härtetest: ein Abstecher zur Burg Hohengundelfingen. Bis zu 19 Prozent Steigung auf 1,4 Kilometer. Also, Gang runter, Turbo rein und lostreten. Wahnsinn, wie leicht sich das anfühlt, als ob von hinten jemand schiebt. So macht Radfahren Spaß. Und der Blick von der Burgruine ins Lautertal ist grandios. In Rietheim weist eine kleine Brücke auf eine wahre Delikatesse hin,

die hier seit 250 Jahren gezüchtet wird: die Alb-
schnecke. Probieren? Ja, ab November (www.
albschneckler.de) in den umliegenden Lokalen.

Weiter geht's durch den verträumten Fach-
werk-Ort Hayingen, hinunter zur Wimsener
Höhle, Deutschlands einzige, die nur mit dem
Boot befahren werden darf. Konstant acht
Grad hat es drinnen, das kristallklare Wasser
wirkt weniger tief als es tatsächlich ist, am
Eingang fast drei Meter. Etwa siebzig Meter
weit fährt das Boot in die Höhle, es ist eng
und an einigen Stellen so niedrig, dass der
Kopf fast auf den Knien liegt. Die Wartezeit
bis zum nächsten freien Boot überbrückt der
Gasthof nebenan mit hausgemachten Spätzle
oder Maultaschen mit Wacholderzwiebeln, al-
les bio (www.tress-gastronomie.de). Auf dem
Rückweg lohnt ein klitzekleiner Umweg durch

das malerische Glastal, verwunschen und
grün – das extrem klare Wasser des Hasenba-
ches ist ein Genuss. Zurück auf die Albhochfläche wird der Weg nochmal steil, doch dank
Akku strampelt es sich fast mühelos nach
oben und über das Haupt- und Landgestüt
Marbach wieder nach Münsingen.

Keine Lust, schon wieder nach Hause zu fahren? Im Hofgut Hopfenburg kommt nachts
Pfadfinderstimmung auf im Tipi, in einer mon-
golischen Jurte oder im Schäferwagen. Das
herzhafte Bauernhof-Frühstück muss aber
keiner selbst machen, das steht morgens in
der Scheune bereit. Wo die leckeren Zutaten
herkommen, kann man beim anschließenden
Spaziergang auf dem Hof erkunden, oder man
schaut sich das Naturschutzgebiet Beutenlay
an, direkt hinter dem Gut.

Einkehr im historischen Gasthof Friedrichshöhle an der Wimsener Höhle (linke Seite). Tipi, Jurte oder Schäferwagen: Übernachten mal anders im Hofgut Hopfenburg.

**FAZIT: ABWECHSLUNGSREICHE RADRUN-
DE ÜBER DIE MITTLERE ALB, MIT EINEM
E-BIKE LOCKER ZU SCHAFFEN. DRAUSSEN
SCHLAFEN UND IN DER SCHEUNE FRÜHSTÜ-
CKEN – NATUR PUR, OHNE AUF DEN LUXUS
EINER WARMEN DUSCHE ZU VERZICHTEN.**

Hin & Weg: Mit dem Auto: B27 über Metzingen und Bad Urach nach Münsingen, alternativ mit dem Zug über Ulm.

Beste Zeit: Frühjahr bis Herbst.

Dauer: 2 Tage, E-Bikes können in Münsingen reserviert werden: www.muensingen.com/e-Bike

Ausrüstung: Fahrräder.

Wenn es Nacht wird: Hofgut Hopfenburg, www.hofgut-hopfenburg.de

WILDES PARADIES

〉... im Naturpark Stromberg-Heuchelberg 〈

#51

Der Wolf heult. Schaurig schön. Dann wieder finstere Stille. Gemütlich einkuscheln im Schäferwagen. Und darüber scheint starr der Mond.

Eine Nacht im Baumhaus oder im Schäferwagen ist für sich allein schon ein Erlebnis. Wenn vor der Hütte dann noch Wölfe heulen, wird's richtig wild.

Leises Rascheln im Wald hinter dem Schäferwagen, ein Kauz ruft. Im Naturresort Tripsdrill bei Cleebronn, mitten im Naturpark Stromberg-Heuchelberg, kommt man den Tieren besonders nah.

Wie es wohl wäre, jetzt über den Zaun zu steigen und durch den nur vom Mond beleuchteten Park zu laufen? Ob die Luchse jetzt schlafen? Die Bären, die für den Kollegen mit dem Knopf im Ohr Pate stehen könnten, haben ja schon am Nachmittag gegähnt. Und sind die Rotfüchse genauso neugierig wie am Tag – immer in Reichweite ihres Baus, von dessen Eingang sie den Weg jederzeit im Blick haben? Steht der Schwarzstorch, der eigentlich ziemlich bunt aussieht, wirklich die ganze Nacht auf einem Bein, den roten Schnabel wie Ess-Stäbchen unter den Flügel geklemmt? Haben die Polarwölfe noch Hunger? Etwas mulmig wird es einem schon, wenn so ein stattliches Exemplar direkt auf einen zukommt.

Ein herzhaftes I-ah zerreißt den Traum, von dem man zu gern wüsste, wie er endet. Der

Hin & Weg: A81/B27 bis Cleebronn und dann der Ausschilderung folgen oder S5 bis Bietigheim und Bus 567 zum Wildparadies.

Beste Zeit: Ganzjährig schön, besonders romantisch im Winter; Öffnungszeiten unter www.tripsdrill.de

Dauer: 2 Tage.

Ausrüstung: Warme Kleidung für abends, wenn gewünscht Grillzutaten.

Wenn es Nacht wird: Im Naturresort Tripsdrill gemütlich ins Baumhaus oder in den Schäferwagen einkuscheln.

Esel am Eingang des Wildparks denkt wohl, er sei ein Hahn und müsste hin und wieder in der Früh den Weckdienst übernehmen. Die Sonne ist auch schon da, na dann, raus aus der gemütlichen Karobettwäsche und fertigmachen für den ersten Pirschgang. Bullige Auerochsen mampfen genüsslich, der Waschbär hängt noch etwas faul auf seinem Stamm, von Ast zu Ast zwitschern sich die Vögel den neuesten Tratsch zu, im Frühling klappern die Storchenpaare dazwischen. Die Zwergziegen und Mufflons betrachten jeden Zweibeiner als Futterausgabestation, selbst die Kleinsten springen meckernd umher, bei fünfzig verliert man den Überblick beim Zählen.

Ein herzhaftes Frühstück gibt's in der Wildsauschenke, bei schönem Wetter draußen auf der Terrasse, inmitten einer Waldlichtung. Eine Zauneidechse huscht am Tisch vorbei, sonnt sich auf den warmen Steinen.

Von den Tagesausflügern ist noch nicht viel zu sehen – die schönste Zeit im Wildpark für einen Spaziergang. Fast so schön ist's abends, wenn die meisten schon wieder weg sind. In der Waldschenke kann man auch Würste kaufen oder Brotteig, zum Grillen mit Blick auf die Reben vom Cleebronner Michaelsberg. Wer den Wein verkosten will (oder noch hungrig ist), läuft nach Parkschluss die paar Meter zur Gaststätte am Weinberg hinüber. Oder lässt sich eine Pizza direkt ins Vorgärtle vom Schäferwagen liefern. Die stehen locker verteilt am Waldrand und am kleinen Fischweiher.

Geht's noch besser? Kaum. Es sei denn, man hat das Glück, eines der Baumhäuser im Wald (mit Kaffeemaschine und eigenem Bad!) zu ergattern: Hexenhäuschen auf 5-Sterne-Niveau. Richtig romantisch wird es im Baumhaus an einem verschneiten Wintertag.

DURCH DEN MÄRCHEN-WALD

... Schneeschuhlaufen am Ruhestein

#52

Wie ein Trapper durch den tief verschneiten Wald stapfen, glitzerndes Weiß so weit das Auge reicht, Eiszapfenorgeln und eine Stille, die nur von den Geräuschen der eigenen Schritte durchbrochen wird. Kanada? Nee, Nordschwarzwald.

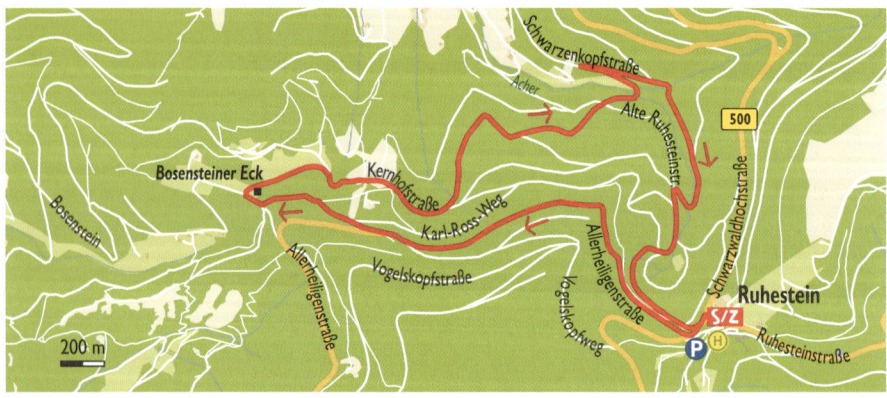

Durch den Tiefschnee stapfen zum Bosensteiner Eck – mit Schneeschuhen das reinste Vergnügen

Der Startpunkt ist beim Nationalparkzentrum am Ruhestein, der seinem Namen an einem sonnigen Wintertag selten Ehre macht. Kurz vor zehn Uhr, und es ist kaum noch ein Parkplatz zu finden. Aber keine Sorge, die anderen haben den Skihang im Visier oder die Rodelbahn gegenüber.

Die Massen sind bald außer Sichtweite, gelegentlich kommt noch ein Langläufer entge-

Perfekt markierte Wege durch die Wintermärchenwelt im Nordschwarzwald

gen, da der Weg zu Anfang ein Stück parallel zur Fernloipe verläuft. Dann endlich: Abzweigen in den Tiefschnee. Könnte man die ersten paar Meter noch mit guten Wanderschuhen bewältigen, ohne Schneeschuhe wäre spätestens hier Schluss. Herrlich, so stellt man sich einen Winter-Märchenwald vor: dicke Mützen auf den Bäumen, deren Äste sich unter der Schneelast biegen. Still ist es, nur der Schnee knirscht unter den Füßen. Immer wieder gibt der Wald den Blick frei auf die Wipfel des Schwarzwaldes. Gegenüber liegt die Hornisgrinde auf rund tausend Metern Höhe. Es kommt noch besser. Kurz vorm Bosensteiner Eck lichtet sich der Wald, und dem Schneeschuhwanderer liegt der Schwarzwald zu Füßen. In der warmen Sonne glitzert der Schnee, der Himmel strahlt in seinem schönsten Blau und die Äste mancher Bäume sind zu wahren Kunstwerken gefroren. Könnte bitte jemand für einen Moment lang die Zeit anhalten?

Auf schmalem Pfad geht's hinunter ins Tal, natürlich nicht ohne immer wieder die Kamera zu zücken. Über den Karl-Ross-Weg zurück Richtung Ruhestein durch den Wald, immer schön bergauf. Der Schnee wird tiefer, das Gehen fällt schwerer. Langsam, Schritt für Schritt, hängt jetzt jeder seinen Gedanken nach. Fühlt sich ein bisschen wie Meditation an. Bald ist der Trubel am Ruhestein wieder zu hören. Geschafft und sehr glücklich hat man Lust auf ein Stück Schwarzwälder Kirschtorte im nahegelegenen Berghotel Mummelsee – aber die 20 Zentimeter hohe, bitte. Die ist jetzt mehr als verdient.

> **FAZIT: GUT MARKIERTE KNAPP SIEBEN KILOMETER LANGE SCHNEESCHUH-TOUR, MIT DURCHSCHNITTLICHER KONDITION GUT ZU MEISTERN. KLINGT FÜR WANDERER NICHT VIEL, DOCH IM SCHNEE FÜHLT SICH DIE STRECKE LOCKER DOPPELT SO WEIT AN.**

Hin & Weg: Anreise über Karlsruhe mit der S-Bahn und dann mit dem Bus oder alternativ über die Schwarzwaldhochstraße.

Beste Zeit: Dezember bis Februar (abhängig von der jeweiligen Schneelage).

Dauer: 3 bis 3,5 Stunden (für die Wanderung).

Ausrüstung: Schneeschuhe (kann man beim Lift am Ruhestein-Nationalparkzentrum leihen, Langschläfer sollten vorher reservieren).

Wenn es Nacht wird: Berghotel am Mummelsee (mummelsee.de/berghotel). Wem das zu überlaufen ist, der findet Unterkünfte für jedes Budget z. B. in Sasbachwalden.

SONST NOCH WICHTIG

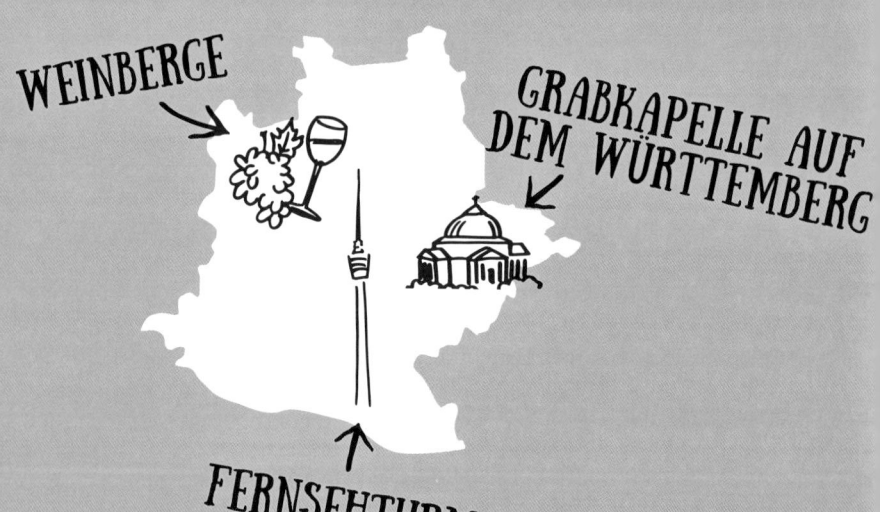

WEINBERGE

GRABKAPELLE AUF DEM WÜRTTEMBERG

FERNSEHTURM

Ein- und Überblick

Karten für den schnellen Überblick, ein Orts-register, praktische Tipps sowie mehr über die Autorin und ihre liebsten Empfehlungen gibt es auf den folgenden Seiten.

GPX-Download aufs Smartphone - So geht's

Voraussetzung:
Eine Outdoor-App muss installiert sein, z. B. KOMPASS, Outdooractive oder komoot. Zum Einlesen des QR-Codes benötigen Android-Geräte eine QR-Code-App. Bei IOS-Geräten ist diese Funktion in der Kamera integriert.

Daten downloaden:
1. Den QR-Code einlesen oder die Webadresse im Browser eingeben, um auf die Eskapaden-Website zu gelangen.
2. Die gewünschte Tour zum Download anklicken.
3. Bei IOS-Geräten werden die GPX-Daten direkt mit der vorab installierten App verknüpft. Bei Android-Geräten muss ggf. noch ein Weiterleiten-Button geklickt werden (z. B. oben rechts im Display). Manche Apps zeigen den Tourverlauf starr an, andere verfügen über eine Navigationsfunktion.

Tourenverlauf

GPX-Daten zum
kostenlosen Download
www.dumontreise.de/
eskapaden/stuttgart

short.travel/zhtkc

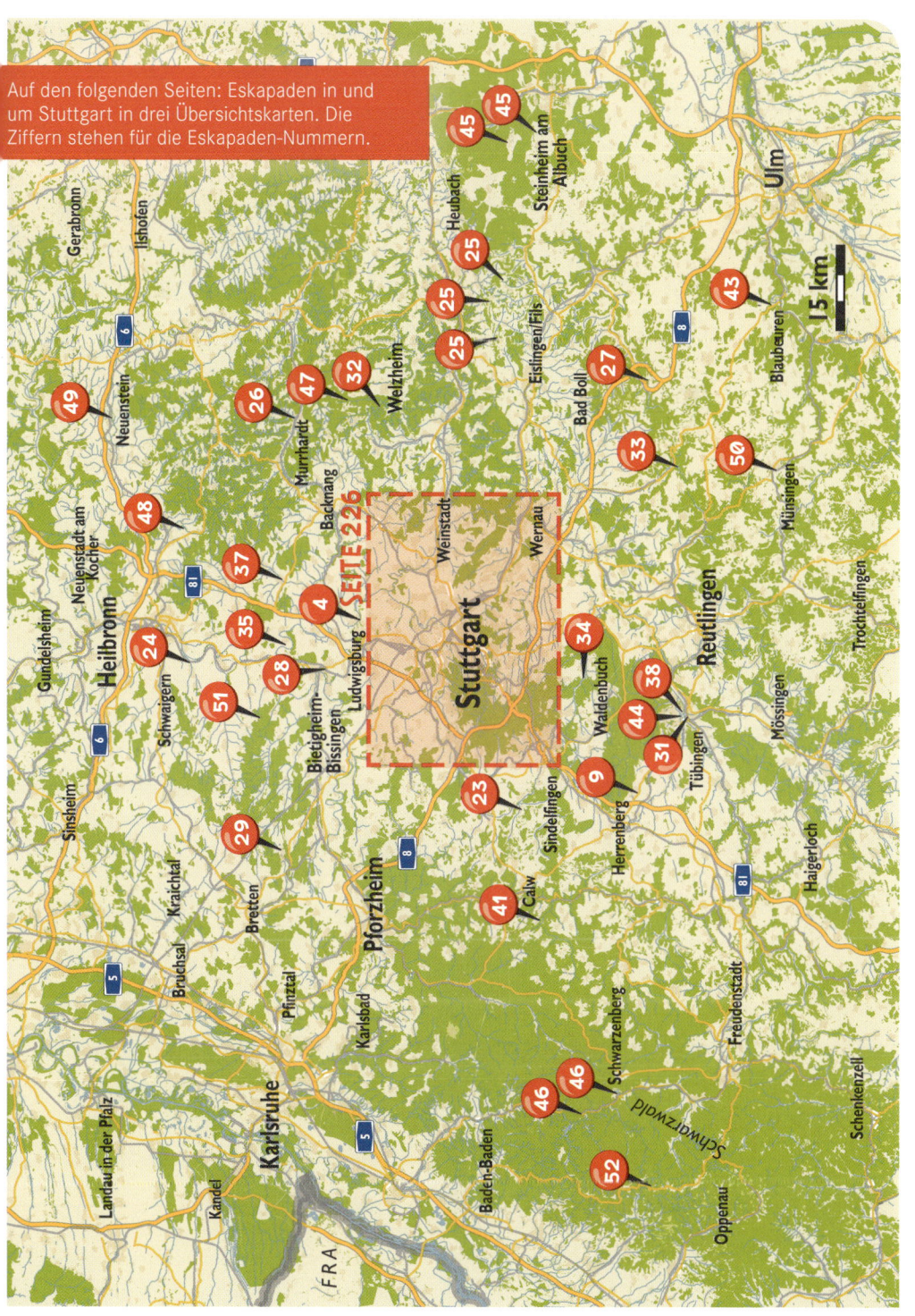

Auf den folgenden Seiten: Eskapaden in und um Stuttgart in drei Übersichtskarten. Die Ziffern stehen für die Eskapaden-Nummern.

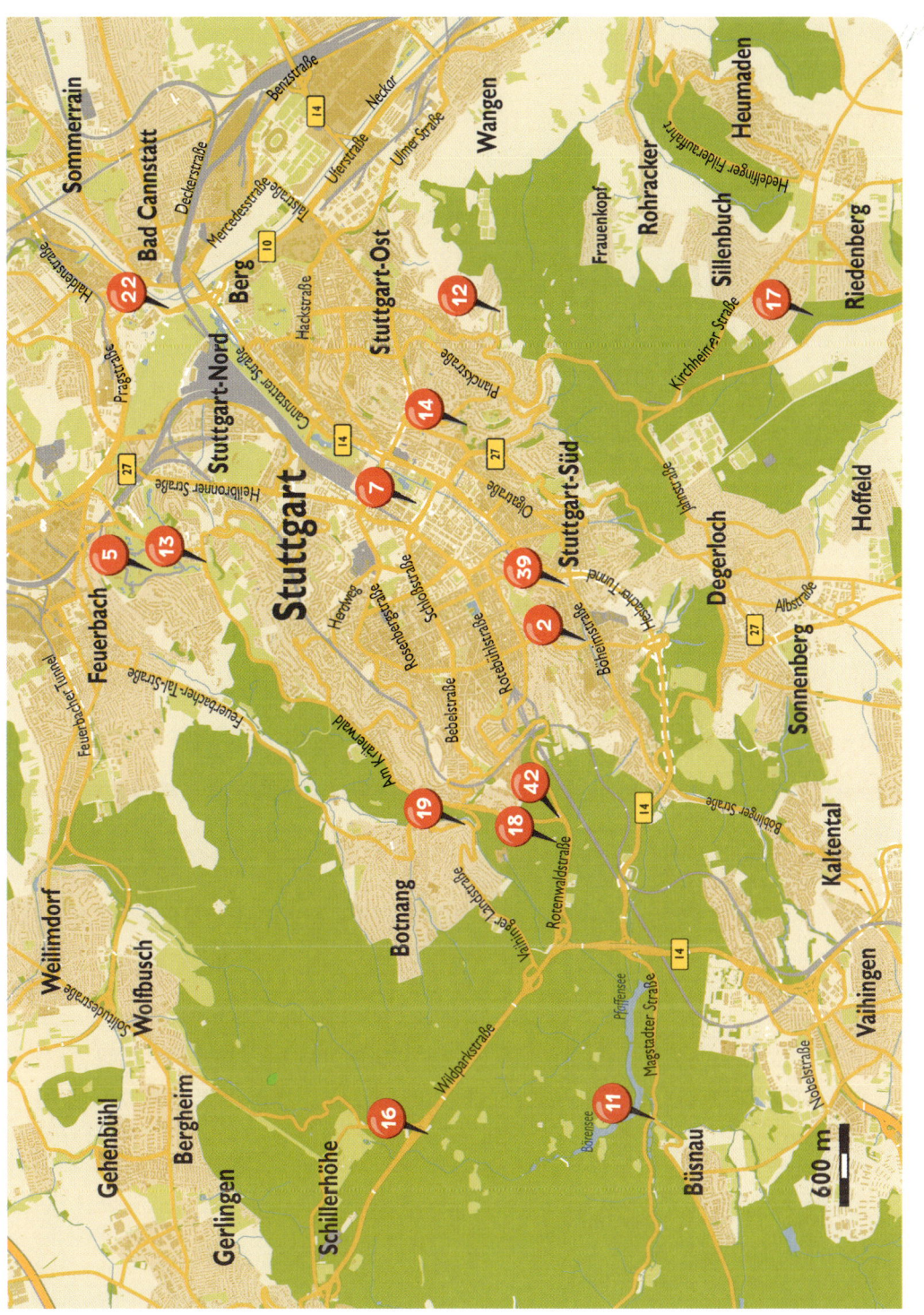

NOCH MEHR ESKAPADEN ...

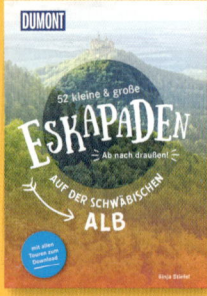

ISBN 978-3-7701-8077-6

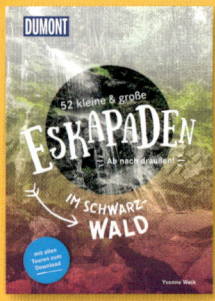

ISBN 978-3-7701-8078-3

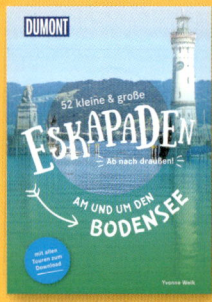

ISBN 978-3-616-11012-7

... erhalten Sie im gut sortierten Buchhandel
und unter www.dumontreise.de

IMPRESSUM

Konzeption Monique Sorban

Projektmanagement Svenja Heinle, Monique Sorban

Text & Fotos Antje Seeling, Rutesheim, mit folgenden Ausnahmen: Titelseite (Lookphoto/Henrik Holler);
S. 21 re. (Karen Schreitmüller); S. 22 o., 25 o., 25 Mitte li., 25 Mitte re. (Barbara Klein); S. 26 li., 29 o. (Vidya
Yoga); S. 36 li. (DUMONT/Reinhard Schmid); S. 86 (photocase/ELLYderOLCH); S. 89 (photocase/kallejipp)

Cover-/Buchgestaltung & Illustrationen Carolin Weidemann, Köln, www.weidemann-design.com

Lektorat & Produktion Verlagsbüro Wais & Partner (Sabine Besenfelder, Beate König, Julia Rietsch,
Kai Wieland), Stuttgart, www.wais-und-partner.de

Kartografie Madlen Keilhauer, Oliver Rau; © MAIRDUMONT, Ostfildern, unter Verwendung von Karten-
daten von © OpenStreetMap-Mitwirkende, Lizenz CC-BY-SA 2.0

Printed in Poland

5. Auflage 2022
© 2018 DuMont Reiseverlag, Ostfildern
ISBN 978-3-7701-8079-0

www.dumontreise.de

love
Freiheit.

Weiterlesen

Tipps für Ausflüge in Stuttgart und der Region gibt es donnerstags, freitags und samstags in der Stuttgarter Zeitung (www.stuttgarter-zeitung.de) und den Stuttgarter Nachrichten (www.stuttgarter-nachrichten.de). Tourenvorschläge für Wanderungen gibt's online unter www.stuttgarter-nachrichten.de/wandern.

Geschmackssachen

Maultaschen testen – auch in der XXL-Curry-Variante – kann man im Heslacher Waldheim (#2). Feinste Regionalküche, modern interpretiert (Tipp: Ostalblamm), gibt's bei Widmanns Löwen (#45). Hüttenvesper darf auch kreativ sein? Dann ab zur Satteleihütte (#46). Heimische Tapas serviert das Panoramastüble auf derselben Tour.

GUT ZU WISSEN ...

Ohne Auto

Die meisten Eskapaden sind mit dem Öffentlichen Nahverkehr zu erreichen: in und um Stuttgart mit dem VVS (www.vvs.de). Bus- und Bahnverbindungen für den weiteren Umkreis finden sich zentral auf www.bahn.de. Wer in der Stadt spontan ein Leihfahrrad benötigt oder für einzelne Fahrten ein Car-Sharing-Angebot nutzen möchte: Mit der Handy-App Moovel kann man passende Verbindungen (inklusive ÖPN) suchen und direkt buchen, unabhängig vom Transportmittel. Mehr unter www.moovel.com.

Sicherheit & Notfälle

Zentrale europäische Notrufnummer ist die 112 – gebührenfrei aus allen Netzen (auch mobil) erreichbar. Feuerwehr und Rettungsdienste werden darüber alarmiert.

Vor Ort im Netz

Fundierte und subjektive Draußen-Tipps rund um Stuttgart gibt es immer mal wieder auf einigen heimischen Blogs wie www.outdoorhochgenuss.de, www.whitespotsblackdots und www.delicioustravel.de (Blog der Autorin).

ESKAPADEN-REGISTER ...

≥ Alle Orte mit Seitenverweisen ≤

ANTJE SEELING

⋛ ... über die Autorin ⋚

Antje liebt es draußen zu sein – bei jedem Wetter. Wenn sich das dann noch mit kulinarischen Genüssen verbinden lässt, umso besser.

Wenn sie nicht gerade am Schreibtisch textet oder als Journalistin unterwegs neue Geschichten recherchiert, findet man Antje beim Wandern oder im nächstgelegenen Park. Immer wieder fasziniert von Vogelgezwitscher, dem Duft von frisch geschnittenem Holz im Wald oder einem weiten Blick in unberührte Natur.

Über ihre Erlebnisse schreibt Antje auch im Blog www.delicioustravel.de. Seit 2012 lebt sie am Rand von Stuttgart und fühlt sich schon lange nicht mehr als Nei'g'schmeckte. Nur das Schwäbeln überlässt sie auch künftig den Eingeborenen.

Spaß pur

Eskapade #20: Wenn die ersten Schneeflocken den Musberg im Siebenmühlental weiß gezuckert haben, den Schlitten schnappen und wie als Kind den Hang hinunter-düsen.

Glück finden

Eskapade #17: Man muss ja nicht gleich einen Baum umarmen. Es genügt schon, unter den mächtigen Eichen im Sillenbucher Hain zu sitzen und den Gedanken freien Lauf zu lassen.

5 BESONDERE EMPFEHLUNGEN …

Ungezähmte Natur

Eskapade #26: Wenn das Wasser über die Kaskaden durch die Schlucht donnert, bekommt man einen Eindruck davon, welche Naturgewalten vor unendlich langer Zeit dieses Tal geschaffen haben.

Abtauchen in andere Welten

Eskapade #21: In eine Landschaft aus rosaroten Wolken verwandelt sich jedes Frühjahr der Leonberger Pomeranzengarten. Nicht nur für Verliebte ein magischer Ort.

Absolute Stille

Eskapade #28: Erlebt man im Kanu auf der Enz, wenn das einzige Geräusch das Eintauchen des Paddels ist.